5

原まゆみ・土岐邦彦・
佐藤比呂二・日暮かをる・森 博俊 編著

生き方にゆれる若者たち

障がいや病いを抱える当事者の自己の育ち

シリーズ 子ども理解と特別支援教育

群青社〔星雲社 発売〕

JN013177

はじめに

二〇〇二年、通常の学校に学ぶ発達障がいが疑われる子どもが六・三％（二〇〇二年、文科省調査）というセンセーショナルな広報で耳目を集め「特別支援教育」のレールが敷かれた。当時は一九七九年の養護学校義務制から二三年目という時期で、障がい児教育は教育条件も教育内容も構築の途上であったが、二〇〇七年には特別支援教育制度がスタートした。これは通常の学校に在籍する発達障がい等が疑われる子どもたちへの支援充実を主眼としており、すべての学校において特別支援教育が取り組まれることとなった。義務教育段階の特別支援教育制度の対象は二・〇％（二〇〇七）から四・二％（二〇一七）へと増加し、特に特別支援学級や通級による指導の対象が急増している。加えて通常学級に在籍する発達障がいが疑われる子どもが六・五％（二〇一二年、文科省調査）とされており、合わせれば一〇％、つまり一〇人に一人の割合で特別な支援が必要な子どもたちがいることになる。

義務教育段階の彼らはそれぞれ高校または特別支援学校高等部に進学し、やがて社会参加の時を迎える。彼らは障がいや病いを抱え、生き方にゆれながら、学校から社会への移行や子どもからおとなへの移行の時を過ごすことになる。彼らは社会参加においてさまざまな躓きを体験し、離職、不就労、引きこもり、孤立、貧困、二次障がいとしての精神疾患などの困難を抱えることが少なくない。私たちはこうした生き方にゆれる若者の姿を深く理解するとともに、高校段階の教育のあり方を考える必要がある。

彼らの困難は、生育史や学校経験のなかに織り込まれた傷つきであったり、障がい特性からくる生きづらさであったり、養育環境の厳しさであったりするかもしれない。そして内面に抱え込まれた葛藤が結ぼれてしまい、自分で自分がつかめずにいるかもしれない。こうした生き方にゆれる若者を支える営みが求められている。それは、彼らの青年期の課題である自分づくりのありようについて、一人ひとりの若者に即して理解する営みであり、彼らを支えるための特別支援教育を問い直す営みではないだろうか。子ども理解を中心に据えつつ、さまざまな現代の社会的要因を視野に入れながら、自立に揺らぐ若者を支える実践のあり方を探りたい。

このような問題意識から本書は次のような課題に接近しようと考えた。一つ目は学校卒業後の人生を生きようとしている当事者＝若者の声を聴くこと、二つ目は学校卒業後の多様な学びの場を創り出している実践とそこに息づく若者の姿を見つめること。そして最後に、高等学校や特別支援学校高等部の良質な実践を読み取ることで、障がいや病いを抱える若者の学びを探求し、今後の特別支援教育の展望に寄与したいと思う。

序章では障がいのある若者の生存・発達の現実とその理解について論じ、青年期の発達を築く視座を提起した。

第一章では、今を生きる若者の語りを記録した。彼らは障がいや病いによる生きづらさを抱えながら、学校卒業後の時間をどのように生きてきたのか。さらに挫折や恢復を経験しながら、誰と出会い、何を感じ、考え、新たな世界を掴んできたのか。学校時代の自分と今の自分はどのように変わってきたと思っているのか、彼らにとって学校とはどんな意味をもっていたのか。当事者の語りを聴くことから、もう一度教育のあり方、特別支援教育の課題を探ることができるのではないかと考える。

第二章では、若者の卒業後の活動の場を支える方々に実践を執筆していただいた。誰もがいずれは学校という学びの場から離れ、社会の中で働く場を獲得して生きることになる。「はたらく」とは傍を楽にすること。そんな自尊心をもって社会参加し仕事のある暮らしを楽しむことができるようでありたいと思う。こうした生きる道を豊かにするものは何だろう。仲間との余暇活動や居場所づくりなどによって、学校を離れた後の人生の充実が図られたり慰められたりする。このような卒業後の場ではどのような実践が行なわれているのだろうか。ここでは、絵画や造形表現のアート活動の場で自分らしい作品を生み出し自己を育てていく若者たち、肢体に不自由のある女子青年のヘアメイク教室での自分づくりの姿、障害者の社会教育の場で学んだテーマを語り合い歌にして合唱する若者たち、学校時代にはタブーとされてきた生と性の学びをとおして自己に気づいていく若者たち、卒業後の学びの場福祉型専攻科で仲間と出会い自己を見つめる若者たち、の五編が描かれている。生涯発達の視点からも当事者の学びを探求し、学校教育を捉え返したい。

第三章では、高等学校と特別支援学校高等部の教育実践を執筆していただいた。高校では発達障がい等の特性のある生徒が多く在籍する「チャレンジスクール」の実践、特別支援学校高等部の現場からは高等部単独校の知的障がい教育、肢体不自由教育、寄宿舎の生活教育、院内学級の病弱教育の実践が描かれる。

高校進学が九九%を超える現在、「発達障がいが疑われる」六・五%の子どもたちも高等学校に進学することから、学び直しやニーズに応じた教育を創り出そうとする取り組みも模索されている。チャレンジスクール、定時制通信制高校などで学ぶグレーゾーンの生徒と特別支援学校高等部で学ぶ軽度知的障がいの生徒はリンクするものがあると思われ、同年代の若者の学びを連なりをもって捉えることが必要ではないかと思う。特別支援教育は通常の学校からはみ出す子どもたちを増加させ、その結果、知的障がい特別支援学校高等部の肥大化を招いているとも言われる。急激な変化に対応するため、試行錯誤の余裕もないまま「職業教育」の潮流に流され、一般就労をめざす「職業訓練」への傾斜も散見される。一方、障害者手帳をもたない軽度知的障がいや発達障がいの生徒や不登校経験、精神科疾患を抱えた生徒たちも在籍するようになり難しい指導に悩むことも増えている。こうした障がいや病いを抱えた若者が、時間をかけて他者と出会い、社会と出会いながら自己を育てる教育実践を探求したいと思う。

本書は以上の構成で編集し、生き方にゆれる若者の自己の育ちを丁寧に掬い取ることで、障がいや病いを抱える当事者の学びを探求しようとしている。教育現場のみならず社会参加を支える方々にも広く読んでいただき知見を交流するなかで、ともに新たな特別支援教育の展望を拓きたいと思う。

編集者を代表して　原まゆみ

目　次

はじめに　3

序章　障がいのある若者たちの現実とその理解

1　障がいのある若者たちの〝いま〟　18
2　青年期の発達を築く――「もつこと」から「あること」へ　35

第1章　困難を抱える若者の「声」を聴きとる

1　遠藤くんのしあわせ

1　「小学校は、担任のこわい女の先生がいて……」　42
2　「中学校は、友達の名前はひとりも……記憶がないです」　43
3　高等部のリレーで「女の先生が大きな声で『えんどうー、がんばれ！』って……」　44
4　社会人になって　46

5　運転免許も取って車も買った　47
6　仕事のやりがい　48
7　これからのこと　50

2　僕のはなし

1　「トランスジェンダー」と生きる僕　54
2　「障害」と生きる僕　60
3　今を生きる僕、これからの僕　63

3　病いとともに生き抜いた若者の「語り」から学ぶ

1　病気発覚　68
2　「笑い」を取り戻す　69
3　病気を受容するまでの心理移行　70
4　当事者にとっての院内学級の役割と復学支援　72
5　患者支援活動で伝えたいこと　75
6　院内学級における教師の役割　77
7　「受容期」に至るまで　80
8　「生き方」の変化　81
9　「妥協の人生」からの卒業　83

4 青年当事者から学ぶ
1 青年当事者が伝えていること 87
2 あらためて青年期に大切なことを考える 91

第2章 社会に参加し、自己を表現する若者たち

1 障がい者アートからの贈り物
——アートの世界を広げ深めるもの
1 展覧会の真ん中に現われたAさん 101
2 輪郭線が魅力的な昭宏さんの作品 103
3 堂々と描く正登さん 105
4 おしゃれなファッションの真紀さん 106
5 おしゃべり上手な文さん 108
6 几帳面な雄さん 110

2 心ゆれるへアメイク教室
——肢体に障がいのある女子青年の自分つくり
1 私たちだっておしゃれしたい 113
2 肢体に障がいのある仲間との出会い 115

3　動きはじめた彼女たち　119
4　なりたい自分になるために　124
5　母の不安――娘のおしゃれの担い手は？　127

3 青年期に生きる幹を太らせる
――福祉型専攻科の試み

1　福祉制度を活用した「学びの機会」　129
2　障がいのある青年たちが「学ぶ」ために　132
3　自分と向き合うケイさんの学び　134
4　問いから始まる　142

4 自分らしく生きることを励ます「性と生」の学び

1　養護教諭として性教育に向き合う　144
2　性の出前講座――旅芸人　147
3　性教育の実践　150

5 当事者活動と歌づくり
――青年の思いと願いをより合わせて

1　広がる当事者活動　164
2　とびたつ会の活動　165
3　仲間の思いを歌づくりに　168

4 歌づくりが育む力 178

第3章 青年期の自己のゆらぎをみつめ学校を問う

1 高校における「発達障がい」の青年たちへの支援
――青年たちの姿に学びながら
1 チャレンジスクールとは 183
2 チャレンジスクールに入学した生徒 184
3 発達障がいの生徒の苦労 186
4 支援を考える――とまどい、悩み続けることを受け止めて 192
2 「生きること」の土台づくりと高等部教育
――「つなぎ」に終わらない職業教育をめざして
1 軽度知的障がい生徒のための特別支援学校の開校 200
2 入学生に透けて見える成長・発達をめぐる困難 202
3 専門教科「流通・サービス科」の授業づくり 205
4 生徒の事例から実践を問い直す 209
5 高等部専門学科の今後 214

3 寄宿舎でともに生活し育ち合う

1 高等支援学校と寄宿舎 216
2 寄宿舎生活にはドラマがある 217
3 恋は無限のパワー 223
4 こころが育つ瞬間を 230

4 「チーム青春の日々」
——輝いた高等部生活からはばたいて

1 七緒のプロフィール 235
2 どのような学習内容を用意するか 237
3 自分たちで創った修学旅行 238
4 創作劇「君に届け！」 241
5 七緒の成長 246
6 高等部生活に求められるもの 247

5 病気を抱えて生きる若者を支えるために
——病弱教育ができること

1 病弱教育との出会い 252
2 思春期に病気になった若者たちの苦悩 254
3 ほんとうの思いを汲み取りありのまま受け止めたい 256

4　不足しているうえに編入の条件が厳しい高校の院内学級　256
5　要望にはできるだけ早く応じたい　260
6　「笑う」ことが「生きる力」に　262
7　当事者どうしだから支え合える　264
8　受け継がれる「支え合いのバトン」　265
9　退院後の生活へつなぐ　268
10　病弱教育が果たすべき役割とは　272
おわりに　273

序章　障がいのある若者たちの現実とその理解

本書で対象とするのは、後期中等教育（高等学校・特別支援高等部等）段階にある若者たち、および卒業後の二〇代の若者たちである。どこまでが青年期でどこからが成人期であると規定することは難しいが、そのような年齢段階にある人たちを想定して、ここでは青年期としてくくっていくことにしたい。

青年期とは（すなわち、ここで対象とする年齢段階においては）、ピアジェ流の発達論に従えば、知的な障がいのない場合においては、思考における形式的操作の獲得はすでに終結しており、その意味では思考の厚み、あるいは深まりが期待される時期である。身体の成長や発達に関しては、組織的にも機能的にもそのほとんどは完成の段階に入っている。この段階の直前に起こる性徴の嵐を経て、性の成熟にともなうさまざまな事象もひとまず自己の支配下に治めることが期待される時期でもある。さらには、エリクソンが述べたように人格発達のプロセスにおいては、アイデンティティーの拡散を経てその再統合に向かう（あるいは再統合が達せられた）時期である。

ところが、現代という時代は（いつの時代もそうであっただろうが）、青年期に在る若者たちにさまざまな困難をもたらしている。同じ時代を生きている若者として、生きづらさを感じながら日々を過ごさざるをえないという事態は、障がいの有無にかかわらないであろう。とは言っても、この時代に生きる障がいのある若者には、独自な困難があることも容易に推察されることである。本書では知的障がいや発達障がいのある若者たちを中心に、さまざまな障がいや疾患等による困難を抱える若者たちをとりあげるが、彼らにあるその障がい特性が、生きづらさを増幅させていることは否定できないであろう。

障がい特性とは、一般にネガティブなものとして見なされることが多い。たとえば、自閉症やダウン症の人たちにおいて「こだわり」の強さが障がい特性として指摘されるとき、それは実践をスムーズに進めにくくさせている問題行動として、すなわち軽減させるべきものとしてとらえられる。しかし、その「こだわり」の強さが追求心の強さとなって新たなものを生み出すとき、それは価値のあるものとして評価されることもある（それは障がい者による芸術活動などにも見出される）。このことは、障がい特性と言われるものが彼らの生活を規定する社会・文化的諸条件に影響されているという側面を見逃してはならないということを教えてくれている。「こだわり」の強さをネガティブにとらえる私たちの凝り固まった視点（それこそ私たちの「こだわり」の強さのあらわれではなかろうか）から解放され、いかに柔軟になれるかにかかっているのである。

どの年齢段階にあろうと、障がいのある子ども・若者を理解しようとするとき、理解しようとする者の視点の柔軟さが求められる。とりわけ、青年期においては、学校から社会への移行期であるがゆえに、彼らはこれまで以上に多様な社会・文化的諸条件の中で生活することになる。時間をかけて生きてきた長さの分だけ、乳幼児や義務教育段階の子どもたちとは違った生活意識を醸し出すこともあるだろう。障がい特性はもちろん、発達段階論のみからでは導き出せない彼らの心理的内面性を彼らの言動から読み取ることが私たちに求められているのだろう。

念のために付言すれば、彼ら一人ひとりの障がい特性や発達段階を無視してもよいと言っているわけではない。むしろ、それらを深くつかむ努力をするとともに、青年期という人生の段階にある障がいのある若者たちをとりまく社会・文化的条件がそれまでとは微妙に異なったものとしてあること、またそこに規定される一人ひとりの若者の心理的特質も同様に微妙な状況にあるということを、本書を手にとってくださる方々と共有したいのである。

障がいのある若者たちも、義務教育を終えた後も学びつづける存在である。それは特別支援学校高等部をはじめとする学校制度のもとで学ぶことだけではなく、学校卒業後の、たとえば職場・作業所など働く場での活動も学びとしておさえることができるだろう。さらに、福祉型専攻科、青年学級、あるいは余暇活動の場などに参加する若者たちも増えてきている。こうした多様な場での学びが、困難を引きずりながら青年期を生きる若者たちにどう影響しているのか、その学びの質に留意しながら彼らの現在に寄り添い、将来をポジティブに展望していくことが本書のねらいである。

1　障がいのある若者たちの〝いま〟

❶「場所」という視点から若者たちの現実をとらえる

タイトルにある「障がいのある若者の生存・発達の現実」をとらえるために、ここでは「場」あるいは「場所」を切り口にして障がいのある若者たちの〝いま〟に接近していこうと思う。考えてみれば、たった一人で孤独を託《かこ》っている人においても、自らが在る空間は存在している。二人きりのかかわりにおいてもコミュニケーションという場を成立させている。「学校」や「教室」、そして「家庭」や「職場」はもとより具体的な場所であり、「地域」という広がりをもった場所も存在する。一人ひとりの若者がどのような「場」・「場所」に参加（あるいは存在）し、どのような活動を営んでいるかという視点は、若者を彼らの生活現実を通して理解しようとすることにおいて意味があるのではないだろうか。

ところが、特別支援教育体制は子ども・若者が生活する場所の縮小・削減という方向に向かっているようだ。森（二〇〇八）は、特別支援教育体制がスタートした当初、特別支援教育の理念のひとつを「『場』から『人』へ」、すなわち「教育サービスは場につけるのではなく、人につけるのだという方向が強く出されている」ととらえ、以下のように述べた。

「（これまでは）それぞれの場（盲・聾・養護学校や障害児学級）で子ども一人ひとりに則した学習指導や交流教育、生活指導、障害への手だてなどが深められてきました。ところが、これからはそうではなく、どこにいようともサービスは子どもにつけるという考え方になります。子どもがどういうニーズをもっているかということを、できるだけ客観的に評価し、そのニーズに合わせて、たとえ通常学級にいようとも、あるいは障害児学級や盲・聾・養護学校にいようとも、その子にふさわしい教育サービスが提供されるようにするというわけです。それが『ニーズに応じた指導』として強調されています。結果的には、どこに就学してもよいわけですから、多様な教育の場を充実・発展させる必要は薄らいできます。障害児学級を廃止してもよいというのは、子どもを正確にアセスメントし、適切な指導内容や方法が準備でき、これを提供できる専門家がいれば、場にこだわる必要はないとなってきます。今の時代、それは『財政改革』にも貢献できることになるでしょう。このような考え方で、特別支援教育は進んでいると考えられます。」

森が述べた懸念は、特別支援教育体制一〇年余りが経過した現在、より深刻化していると言っていいだろう。たとえば、この間特別支援学校在籍児童・生徒数が激増しているのに対し、過大・過密による教育環境の悪化を解消するための学校や教室の新設・増設は遅れている（場所の不足）。また、個別の指導とそれによる目に見える変化の強調、「スタンダード」という名の下での特定の指導技法の基準化等は、「場所」よりも「人」、もっと言えば「方法」が優先され、教師と子どもたち集団によって醸し出される教室の雰囲気等がもつ教育的機能は無視されざるを得なくなっている（場所の形骸化）。

かつて養護学校義務制実施前後に「学校に子どもを合わせるのではなく、子どもに合った学校を」というスローガンのもとに民主的な学校という場つくりが全国的に広がっていったという歴史的事実があった。しかし、現在は場所が不足しているだけではなく、その場所自体が形骸化しているという方向に進んでいると言ってもいいだろう。だからこそいま、あらためて子ども・若者が生活し、発達を保障しうる「場所」の教育的意味をとらえなおす必要があると言えよう。

❷青年期教育としての学校（高等部）という場の現在

先述した「障がいのある若者たちをとりまく社会・文化的条件がそれまでとは微妙に異なったものとしてある」ということのひとつの例として、学校（とりわけ特別支援学校高等部）という場において、そこで学ぶ若者たちがどのようにとらえられているかという問題から生じる微妙な状況について最初にとりあげておきたい。

一九八〇年代後半以降の希望者全員高等部進学運動の高まりは、障がいの重い生徒に対しても義務教育以後の学校教育の保障を実現させることになった。その当時の「たかが三年、されど三年」という印象深いフレーズが示すとおり、単なる教育年限の延長という意味にとどまらず、いっそう時間をかけて障がいのある生徒たちにゆたかな発達を築きあげていこうという保護者、教師そして関係者のねがいが高等部全入という形で結実していくことになったのである。

本来、学校教育とはすべての子どもたちの人格の完成をめざすものである。そのための教育実践とは、一人ひとりの子どもへの配慮と集団の保障を統一させてすすめることが前提とされ、障がい児教育実践においても、多くの人びとの感動を呼ぶ教訓的な実践が蓄積されてきた。その一方で、かつての「特殊教育」という名称にもうかがえるように、障がいのない子どもたちへの教育とは一線を画した適応主義的な指導も展開されてきた。二〇〇七年の「特別支援教育」体制の始まりは困難を抱える子どもたちの対象を広げたという意味はあるものの、「特別支援教育」体制開始と軌を一にした「キャリア教育」（その中心は職業教育）の推進という文部科学省の政策は、「特別支援教育」が「キャリア教育」に従属したと言っても過言ではないほど、適応主義的指導のいっそうの強化をすすめていった。そこでは、個別の指導の強調のもとで集団が軽視され、さらにはスキルや態度という目に見える力の獲得を目標とする指導が強められるようになっていった。

「特別支援教育」が「キャリア教育」に従属するという状況は、とりわけ高等部の教育実践に色濃く影響を及ぼしたと言えよう。もともと文科省の政策では、小学部（小学校）段階から「キャリア教育」推進を謳っているが、社会との直接的な接続の段階という意味において、小学部（小学校）や中学部（中学校）以上に、高等部での教育内容と制度への介入はきわめて強力に進められていくことになった。入学した全生徒に一般就労を目標として掲げる特別支援学校高等部単独校の設置が全国的に広がっていることも、その一つの表われである。

高等部の教育課程に「労働」を位置づけることは重要である。しかし、それは単に経済的自立のための手段（スキルや態度）を獲得することのみを目的とするものではない。一人ひとりの生徒の発達にとって労働がいかなる役割をもつか、すなわち労働がもつ教育的機能を丁寧に深め分析しながら労働にかかわる教育の目標と内容を設定していくことが学校と教師に求められるべきである。しかし、現実の教育においては、就業準備に特化された職業教育が進められ、労働と発達とのかかわりという視点は教育課程から抜け落ちている。

最近設置されたある県の高等部単独校では「生徒一人ひとりが『高い志』をもって学校生活を送り、『自己肯定感と自信』、『豊かな心』を育みながら、将来、地域社会の一員として『地域や社会に貢献』できる担い手となることを願う」という思いをその校訓に掲げている。ただし、現今の高等部の教育課程において、前述の労働の位置づけの問題以外にも、たとえば教科指導の軽視、多くの生徒が悩む「性」についての学習の不充分さ、指導における集団の不在など、青年期の発達をゆたかに実現していくための教育課題が蔑ろにされる傾向があるとするなら、「高い志を持つ」という態度も、「自己肯定感と自信」「豊かな心」という育成されるべき資質も、「社会貢献できる担い手となる」という目標も、すべて自己の責任のもとで達成・実現されることが求められることになるだろう。

「たかが三年、されど三年」というフレーズに込められた思いをあらためて想起し、青年期の学校教育をどのように進めていかねばならないかを根本から考察することがいま求められている。

❸卒業後の学びの場

障がいのある若者たち自身からの「もっと時間をかけて学びたい」というねがい、あるいは保護者、教職員からの「高等部以降の学びの機会を保障したい」という思いはかねてから強く存在していた。そうしたねがいや思いに応える場と活動の保障は全国的に広がってきている。本書では、第二章において、たとえば、青年学級や専攻科という場における実践とあわせて、「アート」「おしゃれ」「性」という若者たちの興味関心＝学びの要求に応えた実践が紹介されているので、ここでは重複しない程度に卒業後の学びの中で若者たちがどのような発達を築きあげているかを述べていきたい。

作業所という場での学び

ここでは、福祉的就労の場、とりわけ一九七〇年代から全国いたるところに創られた共同作業所における実践が、そこに集う人たちにとってどのような教育的機能を果たしているかについて考察する。

今日の共同作業所の多くは、作業活動を軸にしながら、一人ひとりの利用者が規則的な生活を送れるようにするための生活活動を支援するとともに、多様な集団的文化的活動にも取り組んでいる。そして、それらを通して人とかかわる力の向上など、一人ひとりの発達課題を考慮し丁寧に実践を積み重ねている作業所も多い。

岐阜市にあるP共同作業所は、障がいの重い人たちが多く通う作業所である。この作業所でも、仲間たちは作業を中心にしながら「創造的活動」という名の「集団的文化的活動」にも取り組んでいる。ここで興味深いのは、「集団的文化的活動」よりも「作業」のほうに集中力や主体性を明瞭にあらわすという仲間の姿である。職員が楽しい活動として提起する活動にはあまり興味を示さず、もっぱら作業に集中する傾向は、発達段階が乳児期後半にある人にも、幼児期にある人にも、その行動上の表わし方は異なるものの、共通にみられる傾向であると言う。それにかかわる職員の語りを紹介する。

職員A「私は『働いて、達成感があったという心の充実感』と『今日は遊んでおもしろかったという充実感』とは、異なっていると思うんです。重度の人たちが、たとえば空き缶つぶしをずっとやってるわけですよね。そうすると、不思議とまとまりがある、その空間が。すごく仲良しっていうのじゃないんだけど、ほんのわずかな連帯感というものをみんなで紡いでるような気がするのね。そんな空気感があるというか……」

職員B「一体感というか、楽しい雰囲気の中で作業をするっていうことは意識していますね。たとえば、ふだんなかなかモノに手が伸びない仲間がいますが、作業のときはアルミ缶やペットボトルのラベル剥がしに関してはすごく興味があって、いろいろ手が伸びていく。みんなが見える位置でいろんなことをやっていると、あれもこれもけっこう手が伸びるんですね。ふだんは他の仲間にかかわりもしないのに、隣の仲間が持っているモノをガッと取りに行ったりすることもある。取られた仲間も、決して嫌な顔をしないんです。ふだんであれば、取られて嫌な顔するんですけど。こうやって、一つのテーブルを囲んでやることだけでも、その中で連帯感が生まれていくのかなぁ。やはり、みんなが同じような作業をやってるなかで、お互いに心が通じ合うことがあるのかなぁって思います」

職員C「アルミ缶作業で、以前はシールを貼ることでできたことへの喜びみたいな感じを出そうとやってました。これができたらこれだけのシールを貼るとか。わかりやすいと言えばそうですが。でも、輪になって、グッと固まって、缶を仲間に渡したりとか、ペダルを踏む人が直接もらったりとか、なんかそのあたりがグッと縮まったときに、みんながすごくやる気になった。個人的にやっていたときは、仲間の動きは鈍かった。それを二人で一緒にやることにしたら、もういまではそれは当たり前になっちゃったんですけど、仲間に渡したい、仲間がいるから頑張りたいという気持ちがはっきりしている。職員じゃダメなんです。たぶん仲間だから頑張りたいという気持ちが大きくなる。最重度の仲間もけっこう見ていて、女性の仲間が渡してくれるとすごくニコニコする。集団でやってるからこそ見える姿なのかなぁ。やっぱりどんな仲間も意識しています。どんなに重度の仲間であっても、単独の作業じゃ見られない姿が必ず集団という中にはある。もう全然表情は違います」

職員D「アルミ缶回収を近くのコンビニに行くんですね。そもそも仲間はコンビニにも行ったことがほぼないんです。なので、重度の仲間はコンビニに入ること自体にすごく抵抗があったんですね。それでも仕事の一環としてアルミ缶の収納ボックスの鍵をコンビニの店員さんにもらいに行く、そして、最後にお礼を言いに行くことを仲間たちにやってもらいました。そういうことを続けていくうちに、『ありがとうございます』って言うと、店員さんからも「ありがとうね」って言われることがすごくよかったのか、笑顔になって車内に戻ってくるようになりました。外出時にコンビニの前を通ると、『降りる』って言ったり、『行く』って言うなど言葉が生まれてきたりもしています。そういう意味で、仕事を通して人とのつながりがすごくいいものになったんじゃないのかなぁって思います。仲間の多くは、いろんなことにこだわったりもするんですけど、コンビニに行ってぐるっと一周回ってくると、見るものは新鮮なものばかりなので、ほとんどこだわりをなくしていきますし、鍵をもらってくるというのは自分の仕事だということがやってるうちにわかってくる。小さな社会かもしれませんが、その社会を通して人とのつながりが生まれ、仕事を自覚していった姿としてとらえることができると思います」

この作業所の場合、明瞭なことばがない人も多く、かけられたことばに対する理解も不十分な人が多い。また、歩行が獲得されている人であっても、運動機能全般が未発達な人がほとんどである。このような重い障害のある人にとって、他者を意識したり、自分の仕事を自覚することは非常に難しいと考えられる。しかし、他者や対象となる物との関係は、どのような集団がそこにあるかということにかかっていることが職員の語りから理解できるのではないだろうか。

集団への所属感が味わえるということは、知的な力にもよるだろうが、その場の雰囲気のようなものを心地よく感じる、いわば「居場所感覚」によってもたらされるものでもあるだろう。そして、その居場所感覚が作業所という狭い空間を超え、「社会」という広がりの中で実感されるとき、重い障がいのある人においても仕事へのモチベーションを高めていくことにつながることを職員の語りは教えてくれている。

余暇活動という場での学び

障がいのある人たちにおいては、趣味や関心に沿う活動に参加したくてもさまざまな条件により参加することがかなわないことも多い。また、そもそも趣味や関心を見いだせないままの人もいると思われる。そのような状況の中で、近年障がいのある人の余暇活動を保障することの大切さが強調され、全国の各地域で多様な取り組みがなされている。家庭と学校（あるいは職場）が第一・第二の場所であるとしたら、余暇活動の場は「第三の場所」として位置づけられ、それは充実した生活を保障するという意味だけではなく、障がいのある人たちの発達をゆたかに保障する場（活動）としての意味もあるとされている。

筆者は、岐阜県内各地で余暇活動に参加している障がいのある若者たちに対し、インタビュー調査や参与観察をとおして、余暇活動に参加することの発達的意味についての考察を継続している。ここでは、「吹奏楽団」と「演劇集団」に参加している発達障がいのある若者たちの発達や生活意識に関し、それぞれの活動の特質と重ねながら紹介しておきたい。

【吹奏楽団に参加するタカヒロ君の場合】

世界的に著名な指揮者であるバレンボイム（二〇〇七）は、オーケストラでの個々の団員のふるまいについて以下のように述べる。

「奏者はつねに、きわめて重要なことを二つ同時に行わなければならない。ひとつは自分自身を表現すること――もしそうしないなら、音楽的経験に貢献していることにはならない――であり、もうひとつは他の奏者たちの演奏に耳を澄ませることである。（同じ楽器を演奏する場合も、別の楽器で対位的な演奏をする場合も）音楽を演奏する技術とは、演奏することと聞くことを同時に行う技術であり、この二つが互いに高めあう関係にある。これは個人レヴェルでも生じる。演奏するという行為によってよりよいものになり、ひとつの声部がもうひとつの声部によってよりよいものになる。」

発達障がいのあるタカヒロ君（二三歳）は、中学・高校と部活で吹奏楽に取り組み、高校卒業後も市が運営している楽団に参加しチューバを担当している。タカヒロ君は、「中学・高校時代『とにかく目立ちたい』

という思いで空気の読めない行動を頻繁にした」という。そのタカヒロ君に対して、筆者は上掲のバレンボイムの知見をふまえ、次のようなやりとりをした。

筆者「吹奏楽はどんなところがおもしろいですか」

タカヒロ「みんなで人前に出て演奏するのが楽しい。大きな音を出して鬱憤を晴らせるというか。ストレスが溜まりやすい性格なので、自分の心のモヤモヤを取り出すためには音を出すしかない」

筆者「チューバの役割ってどういうところですか」

タカヒロ「チューバはメロディがなくベースです。昔先輩に『チューバの役割は〝料理の皿〟だからな。見栄えがよくなるような役割なんだからしっかりやれよ』って言われたことがある。そういう引き立てる役はおもしろいですよ」

筆者「タカヒロ君にしてみれば、むしろ自分が中心になって引き立ててもらえるほうがおもしろいとは思わないの？　そのほうが気分的にいいんじゃないですか」

タカヒロ「あんまり俺、目立ちたくないんですよ。昔はリーダーになりたくて、みんなを引っ張っていこうと思っていたんだけど、それに失敗しちゃいまして。もうリーダーは嫌だって思っちゃいまして。引き立てる役に俺は回って、おいしいところだけちょっとかっさらってやろうと思って。先輩がいい人たちだったので、俺はこういう役目でも生きていけるかなって思って。全部が全部目立とうと思ってはダメなんですよ。なんというか一瞬だけ目立って、みんなから『おまえ目立ってたな』って言われるのがおいしいんですよ。そういうところがあとで思い出話のように盛り上がって、『俺、やったな。ヒーローだな』って思えたら最高なんです」

筆者「自分がでっかい音を立てればその時点では気分が晴れるのかもしれないけど、合わせることも必要だから自分のパートをきっちりやらなくてはいけないし、全体としての音楽の完成というものもあるじゃないですか。それに貢献しなくてはいけないから、勝手なことができないじゃないですか。そこはどう考えているの」

タカヒロ「本当はそうでなくちゃいけないですよね。なにも考えずにやってるんで、俺。たしかに今言われたように、人の音を感じ取ってそれに合わせていくというか、そういうことはやっているんだろうな。まあ、自己表現ができるからいいんですよ」

空気の読めない行動を頻繁にしていたかつてのタカヒロ君のように、発達障がいのある人びとにとって、「仲間の活動を受容し自らの思いと行動を調整する」ということは難しい課題であるだろう。とにかく「ただ目立ちたい」という思いが先行しがちであったタカヒロ君は、中学・高校時代、まわりの生徒からのいじめ・からかいの標的となっていた。「たまたま入った吹奏楽の部活」で、「男だから大きくて重い楽器を担当することになった」（本人の弁）部活動で理解ある先輩に恵まれ、卒業後もその関係を維持し、ときには自分を窘《たしな》めようとする先輩の言葉を心に落としつつ、その一方でやはり目立ちたいという思いが見え隠れするタカヒロ君の心情がこのやりとりから伺えるようだ。「演奏することと聞くことを同時に行う技術」、すなわち他者の行動や思いを意識しつつ、自分の行動と思いを重ね合わせていかねばならない吹奏楽団での活動は、タカヒロ君の発達課題にふさわしい経験となっていると考えられる。

【演劇集団に参加するリョウタ君の場合】

次に演劇という活動について触れる。演劇という活動がそれに参加する人の発達にどうかかわるかということについて、ホルツマン（二〇〇九）は次のように述べた。

「アイデンティティーをパフォーマンスするのに最適なのは劇場の舞台である。台本がある場合も即興の場合も、俳優に自分以外の誰かを作り出すことを要求する。自分を用いて、自分でない誰かを生み出すことを要求する。ここで鍵となるフレーズは、『自分を用いて』である。というのも、舞台上の俳優は自分が誰であるかを見失うことはないからである。俳優は、キャラクターであると同時に自分自身である。人は永続しながら変化し続け、自分自身でありながら自分以外の誰かでもある。舞台上でアイデンティティーをパフォーマンスする経験／活動によって、人々は心理学的構成体としてのアイデンティティーを越えることができ、自分自身を理解し、自分につながることが可能になる」

岐阜には演劇活動に取り組んでいる障がい者集団がある。そこに参加している発達障がいのある若者たちの多くは、障がい特性に縛られ、他者とのかかわりがうまくいかず、自分に自信をもてない人たちであった。しかし、一〇年以上演劇活動を継続していくうちに、「障がい特性に縛られていた自分」を乗り越えたり、「誰かに頼っている自分」ではなく「頼られる自分」になりたいという願いをもつようになったり、「教えられたように動けるようになっていく自分」を肯定的に捉えたりなど、アイデンティティー形成の途上にある姿を見せるようになっていく。
そのうちの一人、リョウタ君（二〇歳）は高校時代（リョウタ君は通常校で学んだ）の友達に自らの障がいをカミングアウトしたことを筆者に教えてくれた。そのときの筆者とリョウタ君のやりとりを以下に紹介する。

筆者「高校時代は絶対言わないと決めてたよね」
リョウタ「カミングアウトはしていなかったのに、からかわれたり差別されたりしたこともあったんで、絶対言わないと決めてたんです。劇団に行ってることも一切言ってなくて。高校を卒業した去年の六月ころにやっと自分で言ってもいいなと思ったんで。この人には言う、この人には言わないと区別して。手帳を持ってることとかも言えて。でもそれで馬鹿にされることはなかったですし。言ったことで劇団の稽古がある日曜日に遊びに誘われたときに断りやすくなったりとか。なんで日曜無理なんやと言われることもあったので。カミングアウトしてよかったと思います。カミングアウトして自由が増えたという感じです」
筆者「リョウタ君は中学生のころに劇団に入ったのですが、入る前と入った後で、自分が変わったと感じることはありますか」
リョウタ「はい。入る前はなんか、やんちゃだったり、知らない人の前だと全然しゃべらなかったり。劇団に入った当初も、見学の時期も含めて二、三年くらい、もう全然しゃべらなくて、休憩中はずっとイヤホンつけてたり、壁を作ってた時期が長かったんです。でも時間がたってくうちに、自分を出せるようになってきた気がして、みんなの前で一度キレてから、共感してくれる人も増えて、そのころから自分を出せるようになった」

筆者「どうしてキレたか聞いてもいいですか」

リョウタ「いいですよ。ちょうどキレた日って、ＮＨＫの『バリバラ』が取材に来てて、いろいろカメラで映してたんですよ。でも自分の姿を高校の友達に見られたらという心配がすごく強くなってしまって、それで感情が高まってしまって。キレたのは母に対してなんですけど、みんなの前でキレてしまったんです。それ以降はテレビとか新聞とか見られるものは全部拒否。でも実は最近その考えも変わりつつあって、隠すのではなくテレビに自分の姿を出して多くの人に知ってもらったほうがいいんじゃないかっていうふうに考え方が変わったんです。だからいまは、もし取材があるなら事前に「今日来ますよ」みたいな方がありがたいですけど、映るのも悪くないんじゃないかって考え方が変わってきた感じが出てきました。昨年ごろから」

筆者「それが友達へのカミングアウトにつながってくると」

リョウタ「そうですね。それでもし縁切られたりしたらそれはそれまでなんだと理解すればいい。わかってくれる人がいればつきあえばいい。そう思ったんです」

筆者「すごいな。何年か前に話したときとは全然違いますね」

リョウタ「そうですね。だいぶ変わりました。最初のころは待つのがダメだったんで、途中で抜けたりとかすることもあったんですけど、最近はそれも減ってきて、最後まで入れるようになったりとか。前はほんとに一日とか長い時間がダメだったんで、午前中で帰っちゃったりとかすることも多かったんですけど。楽しみができたからかもしれないです。休憩中に気の合う仲間と共通の趣味のアニメの話をしたりとか」

筆者「演じることで楽しいことはどんなことですか」

リョウタ「輝いている自分をアピールできるのが楽しいと思えるようになった。俺を見てくれという感じです。そういう感じはこれまではなかった。むしろいやだった。見るのも見られるのもいやだった」

筆者「演劇でふだんの自分とは違う役になることの難しさやおもしろさについて思うことがありますか」

リョウタ「いまやっている役は普通の自分ではない。独特なしゃべり方とかをしなければならない。けんかを仲裁したり、アイデアを出したりなんてふだんの自分では経験できない。そんな役を演じてると心がスカッとする」

リョウタ君の友達へのカミングアウトに、演劇集団という場と活動が色濃く関係していることが理解できるやりとりではなかろうか。「愛と性」、すなわち学校においても社会においてもタブーとされていた問題への学習要求を演劇という手法で実現させてきたこの演劇集団には、現在まで三〇回を超える公演実績がある。したがって、観客にかたちあるものを見せるという大きな目的をもつ活動でもある。しかし、リョウタ君が述べているように、稽古を途中で抜けるという自由も認められている。大きな目的を掲げる一方で、そのときの気分で動くことも保障されるというルーズさを併せもつこの活動において、リョウタ君はしだいに親密な仲間関係を形成し、また活動自体への主体性も発揮していく。

劇作家の平田オリザは、自身の小説『幕が上がる』（講談社、二〇一二年、七〇ページ）の中で、演劇という活動がもつ特質を主人公の口を通して以下のように述べている。

「自分だったら何が許せるかとか何が許せないとか、それが他人とどれだけ違うか、そういう話を突き詰めていけるのが演劇のいいところ……（中略）……、スポーツと違うから、みんなが一体になる必要なんてない。どれだけ違うか、どれだけ感性と価値観とかが違うかを分かっていた方がいい。バラバラな人間が、バラバラなままで、少しずつ分かりあうのが演劇。」

おそらく、リョウタ君をはじめ、この演劇集団に参加している一人ひとりの「バラバラな人間が、バラバラなままで、少しずつ分かりあう」経験をしてきているのであろう。だからこそ、自分を出しつつ、他者を受け入れ、公演という本番に向けて力を束ねていくことができ、それが観る者を魅了する舞台を創り出してきたのであろう。

演劇はシナリオどおりの所作が求められるため、自由度が認められにくい活動である。しかし、舞台の上では自由にならなければ大きな声も出せないし、しなやかな動きもできない。自分の身体と心を自在に操れる力が育っていなければ、観客を引き込む舞台など創れるはずがない。彼らにはそうした自在さが確実に育っている。そしてその自在さが彼らに「かたくなな自分を乗り越える」力を育てていると言えるのではないだろうか。

先の二つの例は、それぞれが参加する場での活動の特質が彼らの「自己の育ち」を支えているということにおいて、その活動に参加することの積極的意味があることを確実に示していると言えよう。

2　青年期の発達を築く――「もつこと」から「あること」へ

かつてエーリッヒ・フロム（一九七六）は著書『生きるということ』（原題：To have or to be?）において、人の生き方を「もつこと（to have）」と「あること（to be）」という二つの存在様式に区分し、人間の存在様式として「もつこと」から「あること」へ志向すべきだと説いた。

フロムの考え方に従えば、「キャリア教育」に従属した特別支援教育は、生徒に「もつこと」という存在様式を強要していることにならないだろうか。前述したように、特別支援学校高等部においては、人と人との関係性（集団）から切り離された生徒個人に対し、なんらかの能力（スキルや態度）を所有（to have）することを求めている。しかしながら、「もつこと」が重視される社会は、必然的に「生産性の有無」で人間の価値を評価することになる。

本章で「場」あるいは「場所」を切り口にしたことは、フロムの言う「あること」という存在様式を考慮する一つのアプローチになるのではないだろうか。紹介したように、彼らは作業所で、あるいは余暇活動の場で、そこに存在し、他者との関係の中で生きて活動し、新しい自分を創り出している。

本書では、次章以降さまざまな若者たちの「あること」という存在様式の具体的な姿が映しだされていく。そこに示される心理的特徴や生活意識等は障がいの程度も種別も発達段階も異なる若者たちであるがゆえに多様であるだろう。「これが自分だ」という自我意識を獲得していないであろう乳児期の発達段階にある人も、他者との比較をとおしてさまざまな葛藤を経験し自分に自信をもてない人もいるだろう。しかし、みながみな身体をとおして他者を感じ、関係を生き、情動や感情を生起させ、知的な発達を実現させていく青年期という人生の時期を生きているという共通性がある。いわゆる「タテへの発達」という方向が困難である人も含めて、「学校的文化」とは異なった環境の中で、自らが人格総体を発達させていく主体として青年期をとらえていくことができるのではないだろうか。

最後に、一つだけ付言しておきたい。本書に登場する若者たちのほとんどは、ここでいう「場所」に参加している人たちだろう。しかし、障がいのある若者たちの中には、集団活動（とりわけ「第三の場所」）に参加しない（できない）人たちがいることも容易に想像できるだろう。そのような若者たちの発達を考えるとき、こうした状況はネガティブに捉えられがちであるが、はたしてそうだろうか。

菅野（二〇〇八）は、現代社会では「ある意味で、『人は一人では生きていけない』というこれまでの前提がもはや成立しない。……（中略）……生活物資の調達すら人の手を借りねばならなかった時代とは違い、貨幣が生活を媒介するようになった今、一人で生きることは物理的には可能なのである。」と述べている。そのうえで「一人でも生きていくことができてしまう社会だから、人とつながることが難しいのは当たり前だし、人とのつながりが本当の意味で大切になってきている。」とも指摘している。

たとえ「第三の場所」を積極的に求めなくても、彼らは生きている。生活も継続させている。生きて生活している限り、彼らも人とのつながりの中で生きているはずだ。そのような活動や場所を求めることなく日々の生活を送っている若者たちが、何を考えているのか、何を求めているのか、どのように「あること」という存在様式を実現させているのかを考察していくことも必要であるだろう。

【参考文献】


バレンボイム・D（二〇〇七）、蓑田洋子訳『バレンボイム音楽論　対話と共存のフーガ』アルテスパブリッシング、二〇〇八年。

フロム・E（一九七六）、佐野哲郎訳『生きるということ』紀伊國屋書店、一九七七年。

ホルツマン・L（二〇〇九）、茂呂雄二訳（二〇一四）『遊ぶヴィゴツキー――生成の心理学へ』新曜社、二〇一四年。

森博俊「小・中学校における特別支援教育の課題　軽度発達障害児の理解と教育実践」田中孝彦・筒井潤子・森博俊著『教師の子ども理解と臨床教育学』群青社、二〇〇八年。

菅野仁『友だち幻想――人と人の〈つながり〉を考える』筑摩書房、二〇〇八年。

第1章

困難を抱える若者の「声」を聴きとる

1 遠藤くんのしあわせ

遠藤くんは養護学校高等部を卒業して一七年目を迎えた三五歳の青年である。卒業と同時に地元の温泉ホテルに就職し、厨房の洗い場担当として働いている。遠藤くんは言う。

「今の生活はしあわせ。それは、健康で薬も飲まなくていいし、何でも食べられて、職場の人と親しくつきあってもらえるし、旅行にも行けるし、仕事が続けられるってことです。」

私は遠藤くんが三年間学んだ養護学校高等部の教員だった。遠藤くんは卒業してからも時々電話で近況を話してくれる。私だけでなく当時の学年担任団にだれかれとなく電話をしているようだ。趣味のスポーツ観戦やカラオケに誘ったり、運転免許を取得したときや旅行に行ったときなどは、うれしさで電話をかけまくっているのではないかと思う。高等部を卒業して一七年もの長い間、仕事を継続し趣味も充実している遠藤くんだが、高等部の頃の引っ込み思案の姿からは想像もできない。これまでの話を聞きたいと伝えると、「聞いてもらえることはうれしい」と何度も電話をくれ、子どもの頃のことが思い出せるように写真を持っていくと言った。私は、高等部で彼らの学年を三年間受け持ち、学級担任や学習グループの担当として遠藤くんの姿を間近に見ていたが、当時の彼は自分の経験や思いをあらたまって話すことは大の苦手だったと思う。いろいろな経験を重ねておとなになった遠藤くんが、どんなことを語ってくれるのか楽しみな時間だった。当日は待ち合わせのお店の駐車場で待っていて、車から出て礼儀正しく頭を下げて挨拶してくれた。以前のように照れてヘラヘラした様子はなかった。久しぶりに会ったのは爽やかな秋晴れの日だった。

遠藤くんは東京で生まれ、両親と兄の四人家族で幼少期を過ごし、その後、父の実家のある田舎に転居し祖父母を含めた大家族で生活するようになった。地元の保育園に入り、小学校、中学校では普通学級に在籍していた。小学校低学年から中学年にかけて再生不良性貧血のため大学病院に長期入院していたことがある。小学校は自宅から離れているため近所の子どもたちと路線バスで通学し、中学校は自転車で通学した。小中学校では勉強はからきしダメだったと言っている。

高校はまわりの勧めで遠く離れた養護学校高等部に進学したが、交通の便が悪く通学手段がないため寄宿舎に入り、週末と長期休業には自宅に帰るという生活だった。当時の高等部は学習グループをA、B、Cに分けており、遠藤くんは一年次には中度のBグループに所属していた。実態が見えてくるなかで二年次から軽度グループCに所属変更した。二年次までは進路先は福祉事業所を考えていたが、三年次になり保護者から地元温泉ホテルへの就職希望が出され、現場実習を経て障害者雇用での採用となった。卒業以来、厨房の洗い場担当として就労を継続している。

1 「小学校は、担任のこわい女の先生がいて……」

僕は小学校の頃に肝炎と再生不良性貧血のために大学病院に長く入院していたことがあります。入院していたときの写真があります。ベッドに一人で座っている写真、お兄ちゃんがお見舞いに来てくれた写真、看護婦さんたちと外でシャボン玉をしている写真です。一人で寂しかったかどうかは覚えてないですが、普通に過ごしていたと思います。治療もそれほどいやではなかったけど、注射は大の苦手で泣いていました。院内学級に行っていたのかどうかは、わからないです。いまは全快して健康になりましたからだいじょうぶです。二年生のとき入院して、退院したのは四年生だったと思います。

小学校はバスで通ってました。スクールバスではなく路線バスで友だちと集団登校し、帰りはタクシーだったと思います。運動会の写真や修学旅行の写真もあるけど、覚えていないです。給食の記憶はあります。六年の時、担任のこわい女の先生がいて、朝の会で昨日のことを話すとき僕だけ言えなくて、立たされて顔をビンタされた。これっ、ホントの話ですよ。「昨日の出来事」のとき毎回立たされてビンタされてた。僕が昨日の出来事を言わないからです。授業中もずっと立っていたんです。言わないと帰りの会まで立たされるから、言わないと給食を食べさせてもらえないから、給食の前に（昨日の話を）言って、食べさせてもらってました。このことはお母さんにも言ってないです。

運転免許を取ってから（三〇歳頃）、その先生に会ってみたいと思って会いに行ったことがあります。小学校のアルバムに住所と電話が書いてあるので、自分で調べて電話をして車で行ったんです。家の中まで入れてくれてお茶まで出してくれて、なつかしかったです。高等部に入学してすぐの頃に、その先生が養護学校の近くの小学校に異動したらしくて、交流教育かなにかで養護学校に来て、教室の入り口に僕の名前があるのを見つけて、僕を探してくれて会ったことがありました。先生は「ここに居たんだね」と言ってました。会えてうれしかった……みたいな、何とも言えない気持ちでした。立たされていたけど、先生のことを絶対会いたくない、嫌い、じゃなかったと思います。

2 「中学校は、友達の名前はひとりも……記憶がないです」

中学校は三年間、自転車で通ってました。クラスは普通学級で一七、八人くらいだったと思うけど、友だちの名前はひとりも……記憶がないです。男子とはしゃべったと思うけど女の子としゃべってないです。勉強のことは、授業中は席に座っていたと思う。宿題は無理だった。やっていかないと決めてましたし、先生からも催促されなかったです。テストはまったくもってダメ。受けたけど零点だった。鉛筆は持ったけど、名前は書いたけど、むりだった。問題は読めたけどわからなかった。教科書を読まなかったから内容がわからなかったし、先生の話を聴いてなかったです。二年も三年も零点で、勉強しなくてもお母さんはおこらなかったし、誰も何も言わなかったです。給食はみんなと食べて、給食当番もしていました。

部活は野球部しかなくて、全員入部する決まりなので野球部でした。試合はやったことないし出たこともないです。出たいとも思わなかったし、つまらんとも思わないって感じでした。試合は応援だけだったけど、キャッチボールの練習はしました。練習の時、外野（ライト、一塁の後ろ）にいて、ノックのフライを取るとき、ボールが顔面に直撃して鼻血が出たことは覚えてます。僕が取るべきところだったけど、太陽がまぶしくて取れなかったらボールが当たったんです。冷やして邪魔にならないところで休んでいました。中学校を卒業したら自分では働くつもりでした。地元の温泉ホテル（現職場）で働こうと思っていたけど、先生が養護学校を進めてくれたので、そこしかないのかと思って決めました。

3　高等部のリレーで「女の先生が大きな声で『えんどー、がんばれ！』って……」

覚えていることは、田植えとマラソン、修学旅行、体育祭、太鼓部とかです。

田植えは高一の時の交流教育で農業高校に行って、田植えを一緒にやるということで、裸足で泥の田んぼに入るんだけど、やったことがないから、あの泥が怖かった。田んぼに入れなくて遠くに逃げてたと思います。修学旅行は九州に行きました。飛行機が怖くて羽田空港でも緊張していて、搭乗して飛び立ったらもう具合が悪くなって、機内では別席をあけてもらって横になってスチュワーデスに介抱してもらいました。長崎に着いても具合が悪くて、カステラ工場の見学でもカステラが食べられなかったんです。長崎市内の班別活動は「外国文化コース班」でメンバーは康太、吉岡、片田、鶴見くん、原先生も一緒だったと思います。市内を歩いて、お寺のお堂でお茶を飲んだり、「めがね橋　川にうつって　ほらめがね」という俳句を作りましたよね。

マラソンやリレーの思い出もあります。体育祭のリレーで僕がアンカーを走ったんです。三位だったかもしれない。だいぶ前に家で卒業ビデオを見たときリレーが写っていて、女の先生が大きな声で「えんどー、がんばれー」って、応援してる声がビデオに入ってました。応援の声を聴いてうれしかったです。太鼓部に入って放課後練習をしました。県内の高校文化祭に出場したら、全国大会に出ることになって、大型バスでみんなで静岡県の会場まで行きました。法被を着たりして控室で準備しているとき、緊張で体や顔がこわばってました。でもなんとか演奏しました。その時のことは卒業文集に書きました。

「僕は一年の時に太鼓部に入って、途中やめようと思ったこともあったけど三年まで続けてきました。楽しいこともいっぱいありました。白根高校で発表もしました。高文祭で全国大会に行けることになり、夏休みも学校に行って練習し、静岡で発表してきました。ホールが広くて『しゃっきり』がしっかりできるか心配でした。そしたら成功しました。僕はとってもうれしかったです。二学期の終業式の時僕たち三年生は、最後の太鼓の演奏でした。もうこれで終わりだと思うと残念です。その分気持ちを込めてたたきました。またチャンスがあればやりたいです。これからも太鼓部の皆を応援するので、がんばってください。」(卒業文集より)

高等部では康太や片田とよく喧嘩していました。喧嘩しすぎて隣のクラスに移されたこともありました。由紀さんとは同じクラスになりたかったけどならなかったです。

中澤とは寄宿舎が一緒だったので仲良くて、僕の家まで電車で遊びに来てくれました。駅まではお母さんが迎えに行ってくれたと思います。あのころは土曜日も学校があったんですよ。土曜日の午後は、家まで帰るために学校から路線バスでK駅まで行って、そこから電車に乗って地元の駅まで行き、そこへ家族に迎えに来てもらう。そして月曜日は朝早く家を出て、また学校まで乗り継いでいくわけだからとても大変だったんですよ。あの頃、土曜日も休みにしてくれればよかったのに。どうして休みにしなかったんですか。平日は寄宿舎に泊まっていて、学校が終わると隣にある寄宿舎に帰ります。部活が遅くなっても寄宿舎に泊まれるから安心です。寄宿舎は楽しくて仕方がなかった。寄宿舎の先生は今も学校にいますか。みんながいて、いろんな人と話をして楽しかったと思います。今も会社の本山さんとよくしゃべります。本山さんは僕と同じで夜勤なので会社で会えるのでうれしいです。いろんなところへ出かけて僕と遊んでくれる人です。

三年の時、家の人が温泉ホテルの求人の資料を見つけて、担任の先生に話して現場実習をしました。それで、実習がよかったのでそこに決めました。僕は養護学校の採用第一号だったんです。実習は二回しました。僕としては実習では何事もなく普通に仕事できたと思います。

4　社会人になって

就職してからは仕事の失敗もありました。ホテルなのでお皿は一万円もするような高いのがあるんですよ。それを緊張して割ったこともあります。上の人に「気をつけろ」って叱られるんですけど、「すいません」って謝ります。ふだんはそんなに緊張しないんですが、後輩が現場実習に来るのはとても緊張します。うまくやらないとダメだと考えて、いつも以上に緊張しちゃって失敗したり、後輩の方がよくできて自分がクビになるんじゃないかと考えちゃいます。

あとは、仕事をしないでサボってしまうことがよくありました。家を出て職場には行くんですけど、遅刻してしまうと入れなくて、あちこちうろうろしていてサボるんです。家に帰るともうお母さんにバレてて、一緒に謝りに行きました。初めの頃はそういうことが何回もありました。今はそういうことはないです。仕事をサボるなんて、僕は不真面目な性格なのかな、と考えますね。

職場の人にはよくしてもらっています。話もします。パチンコやサッカーの話とかします。昨日はどこのパチンコがよく出たから行ってみろ、とかです。僕もパチンコが好きで、前はよく行ってました。お父さんも好きで一緒に行ったりしました。負けるときは一万も二万も負けます。勝ったときは一六万も取ったことがありますよ。お給料は、僕の銀行口座に入るから、お母さんにお小遣いをもらっています。給料の紙はお母さんに渡すと、「ご苦労様」って言ってくれます。出かけるときお母さんに言えば、お金を渡してくれます。養護学校の卒業一〇周年の同窓会をうちのホテルでやってくれたときも、家から参加費をもらって来たんだけど、会が始まる前にちょっとパチンコに行ったら負けて、お金がなくなっちゃったから困って隠れてました。

5　運転免許を取って車も買った

今は入社して一七年間勤めたことになるんです。はじめは自宅の最寄り駅からホテルのある温泉駅まで電車通勤していました。家から駅までは自転車や家族の送迎もありました。ある時、養護学校の後輩の女子が採用されて来て、その人はバイクの免許を持っていたんです。それで僕も挑戦しようと思ってバイクの免許を取ったんです。その人が採用されたことがきっかけです。僕の方が辞めさせられるんじゃないかと思ったかもしれないです。でもその人はすぐに退職したけどね。

それからバイクで通勤するようになって、休日はあちこち出かけるようになって楽しくなりました。養護学校にも休みのたびに行ってました。先生に頼まれて三年生の教室で後輩に仕事の話をしたこともあるし、寄宿舎に行ってなつかしい先生たちと話をしたり、異動した先生がいる別の養護学校へ会いに行ったりしました。遠くても平気でしたね。

それから次に普通車の運転免許に挑戦しました。お母さんはぼくが早く取れて驚いていたんですよ。教則本を買って勉強しました。本免の学科試験はなかなか合格しなくて、はじめは一点差で八九点、ひっかけ問題で引っかかった。次は八八点にダウン、三回目は八五点とだんだん落ちて、四回目は八七点、五回目でやっと合格でした。僕の番号が掲示板にあって、ああよかったって感じ。お母さんにすぐ電話して、喜びました。バイクの合格の時はお父さんがいて喜んでくれましたけど、車の合格の時はもう亡くなってました。バイクは冬寒いからやめて、車を買いました。バイクは会社の人に一万円で売ったんです。会社の人たちには本当に感謝しています。免許を取るのに教習所に通いましたけど、いつも仕事のつごうをつけてくれて、休ませてくれたんです。年休とか、半休とか。ほんと、ほんと、感謝してます。

6　仕事のやりがい

今は仕事の時間がまちまちで大変です。出勤が七時半とか九時とか……。夜勤がほとんどで、普通は一時出勤で四時まで仕事して休憩、六時から九時半か一〇時ころまでの仕事です。夜勤をする人がいないから僕が頼まれているんです。朝のアルバイトが休みの時も頼まれることがあるので、その時は早出になるんです。厨房の洗い場で食器洗いとかたづけが仕事ですけど、もう最長のベテランで洗い場のリーダーをしています。やりがいがあります。

仕事にやりがいがあるのは、職場の本山さんと車で出かける楽しみがあることです。僕が運転することもあります。毎月、旅行積み立てをしていて、次は鹿児島に行く計画があるんです。静岡空港を使う予定で下見に行ったんですけど、静岡空港は駐車料がかからないからいいんです。羽田空港は駐車料をたいへん取られる。前に北海道に行ったとき、行きは新幹線で帰りは飛行機で羽田に着きました。今度も九州新幹線で鹿児島に行く計画で、帰りは静岡に飛行機で来るんです。修学旅行の時は飛行機が怖くて大変だったけど、もうだいじょうぶです。

本山さんは良い人でどこへ行くのも一緒です。サッカーや野球の試合にも行くし、気持ちの良い人です。旅行では夜はカラオケや話もしますよ。仕事の話とか、僕の困りごとの相談にも乗ってくれます。この前は日帰りで下田に行ったんです。うまいもの食べに行こうってことで本山さんの新車に乗せてもらいました。ガソリン代は割り勘にしています。

旅行代は僕が集金係で月一万円集めて通帳に入れています。計画的なので一緒に行けると思います。そういう付き合いがあることが僕の楽しみです。仕事を辞めたいと思ったことはないです。今は以前ほどパチンコには行っていないですよ。時々行く程度です。

7 これからのこと

今は三五歳です。これまでで今が一番いいのかなと思います。

何がいいのかというと、車の運転ができること、なんともなく健康であること、病気をしたことがないこと、薬もなくておいしいものをいっぱい食べられること、会社の人とどこへでも出かけられること。お父さんが亡くなったときはショックでした。会社を一週間休みました。癌で医大に入院していてお見舞いに行ってました。手術はしなかったんです。僕は小さい時入院していたので、健康はいいことと思っています。もちろん、ついでに彼女ができるといいです。由紀さんが今でも好きだけど。結婚でもしたいんです。結婚したら家を建てるかアパートかな。お金はコツコツためるかなと思っています。誰かいい人を紹介してくださ い、お願いします。

「今が一番いい」と言う遠藤くん。小中学校の記憶はほとんどなく、高等部からはたくさんの記憶が私以上に精密に記録されている様子であった。子どもの頃の記憶は、大病で長期入院をしたこと、小学校で立たされ坊主にされたことやその先生と再会したこと、野球の練習で鼻血を出してじゃまにならないところで寝ていたこと、中学校を出たら温泉ホテルで働こうと思っていたことなどで、友達が一人も出てこない。

そんなさみしい経験の積み重ねのせいか、高等部に入学したころはどんなことにも自信がなく、不安そうですぐ固まってしまい、「できない、できない」と後ずさりしていた。共同作業の地図制作で鋏を担当したのだが、やったことないからと青くなって絶対に手を出さなかったこと。歴史の学習では原爆の学習が怖くて保健室に逃げ込んだこと。修学旅行では飛行機が怖くて動けなくなり介抱されたこと。太鼓部の全国大会出場では緊張して真っ青だったこと……。あの遠藤くんが一般就労でホテルに就職し、こんなに成長するとは想像さえできなかった。

しかし当時から、怖がりの行動のわりに実はまわりのことがよくわかっている感があり、怖がりながらも一つひとつ立ち向かえるようになっていたのだと思える。幼児期から仲間についていけない自分を感じとり、わかっていても行動には移せない何かの力に縛られていたのではないか。自己に気づきはじめる思春期の高等部で、さまざまな体験をとおしてその何かの縛りが少しずつ解けていったのではないかと思う。何かのやる気スイッチが入ると、怖がりの自分を脱ぎ棄てて変身する力を秘めていたのかもしれない。高等部や寄宿舎生活は、小中学校とはうって変わって授業への参加や友達とのかかわりの経験が濃厚なものとなり、隠れていた能力が発揮され自信を育てたのかもしれない。

卒業後は中学校の頃ぼんやりとイメージしていた地元の温泉ホテルに就職し、家族や職場の方に支えられて地道に一七年間も継続して働いてきた。その間、父の死を受け入れ、バイクの運転免許、普通車の運転免許取得とステップアップし、それに比例するように自信をつけていったのではないかと思う。その自信が行動力を生み、スイッチが入ったように行動範囲がみるみる広がり、仕事以外に、職場の方との交友関係も築けるようになったのではないかと思う。

遠藤くんの生活はとても充実しているようである。職場では厨房の洗い場を任される存在となり、仕事を辞めたいと思ったことはないと言う。趣味は職場の先輩との国内旅行、野球やサッカーのスポーツ観戦、カラオケ、パチンコと大変充実している。暮らしは母親にだいぶ依存しながらも家族に支えられ安定している。欲を言えば衣食住の暮らし方にもっと自覚をもった方がよいのかもしれない。しかし、身のまわりのことができない男性も女性もたくさんいる。遠藤くんの「今が一番いいのかな。何がいいのかというと、車の運転ができること、何ともなく健康であること、病気をしたことないこと、薬もなくておいしいものをいっぱい食べられること、会社の人とどこへでも出かけられること。もちろん、ついでに彼女ができるといい」と的確に今の自分を語る言葉に感動した。

いま、彼は長く務めた職場を退職し、いまは次の職場を探すためにハローワークへ行きアドバイスを受けているという。退職が傷つき体験ではなく次へのステップになるような予感がする。必ずしも平坦な道行きではないかもしれないが、成長し続けている遠藤くんのこれからが楽しみである。

2 僕のはなし

僕の名前は、れん。年齢は二三歳。僕はさまざまな障害と生きている。また自分の性に違和感があるセクシュアルマイノリティでもある。

小学校二生のころ、広汎性発達障害、学習障害、多動性障害と診断された。精神障害者福祉手帳取得は中学生のころだ。僕が子どもの時は「障害」は漢字表記だったので、あえてそのまま使っている。今でも、鬱っぽくもなるし、昼夜逆転になることが多い。視覚過敏や聴覚過敏や味覚過敏などもあるし、少なくはなっているが、パニックを起こすこともある。

トランスジェンダーで、生まれた性別は女性、自分が生きたい性別は男性だ。

学校に居場所を見つけることができず、ずっと苦しんでいた僕は高等部（特別支援学校）になると自分から学校の外に話せる人を求めていくようになった。インターネットは、閉じこもり気味の自分と外の世界とをつなぐものだった。さまざまな情報も知ることができ、学校に行けなくてもつながる場所があるのではないかと、調べてはそこに行ってみることを繰り返していた。僕は、どうしても自分と同じような悩みをもつトランスジェンダーの人たちと出会いたかった。ＬＧＢＴに関する情報を調べ、会合に少しずつ参加していった。

出会った人たちは、とてもやさしくぼくを受け入れてくれた。またある時、性教育をしてほしいと、学校の先生に言ったとき、「七生養護学校事件」を知った。インターネットで調べたその日、偶然七生事件関係の集会があり参加、性教育バッシングで闘っていた原告の先生たちと知り合いになった。そこから、性教協障害児者サークルのおとなたちにつながっていくことになり、障害のある仲間たちや、支援者、学校の先生たちに話す機会が広がっていった。僕が僕の障害の苦しさや感じ方、性の違和感をもって生きることを語ることで、障害のある仲間たちは自分の苦しさを話し始めるのを目の前で見た。支援者や先生たちは「そういうことなのか！」と、障害があるということの新たな理解につながったと言ってくれた。じつは僕自身も、みんなに受け止めてもらうことで、自分の障害を見つめ直すことができ、苦しいばかりだったこれまでのことも受けとめられるようになったと思う。新たな自分が見えてきたと感じている。

今ならわかる、今だから言える、そんな僕のことを今回伝えたいと思う。断っておくが、あくまで「僕」の話である。

1　「トランスジェンダー」と生きる僕

「トランスジェンダー」と「障害」。それらは、僕のこれまでの人生の中でいつも絡まりながら影響し合いながらあったように思う。でもうまく表現することが難しいので、分けて伝えたい。初めに「性の違和感」

との付き合いの、僕なりの歴史を紹介する。

＊

生まれたとき、僕のからだは「女」だった。でも物覚えがつく頃から、僕の身体にいつか「おちんちん」が生えてくると思っていた。親に確かめたこともあるが、どう答えたのかは思い出せない。一緒に遊んでいた男の子たちが「立ちしょん」を始めたとき、当然僕もしようとして、あわてて親から止められた。「立ちしょん」を家のトイレで試した覚えがあるが、成功したかどうか、その後のことは定かではない。

そのころ遊んでいたオモチャは、ウルトラマンや仮面ライダーなどで、どれも男の子向きと言われるものばかりだった。そのことで親やまわりから何か言われたり、じゃまされるようなことはなかったように思う。今考えると、ありがたいことである。また、今現在も変わらないが、僕の好きな色は「ミドリ」である。ランドセルも当然大好きな「ミドリ」と決めていた。親戚からランドセルのプレゼントが届いたとき、箱を開けると赤色だったのでショックのあまり、床にたたきつけて泣いたことをその時の怒りの感情とともによく覚えている。

今現在は、「僕」を使い自分の話をできているが、以前は女子であるために「私」を使うように言われていた。例えば、作文、絵日記の時、「私」という言葉を強制された。例えば、卒業式の呼びかけ、「僕たち、私たち」というとき、必ず「私たち」に入れられた。もしかすると強制ではなかったのかもしれないが、女の子なのだから当然という雰囲気は強く感じとっていたのだと思う。「私」という言葉は、ずっと自分に馴染まない感覚があった。そのころは嫌だけれど、どう考えればいいのか、どう伝えればいいのかが皆目わからないという状況だったように思う。

＊

小学生のころ、バレンタインは友達の男子にチョコを渡していた。そのことで何か言われたりトラブルになったりした記憶はない。

小学校高学年になると、更衣室が男女に別れた。当然僕は、女子更衣室に入らなくてはいけない。居心地が悪くて外に出ると、先生に中に戻された。目のやり場に困り、自分を隠したくなってカーテンにくるまっていたら、「止めて、カーテンが開いてる！」と叱られ、皆が着替え終わるまで窓に張り付いていたのを覚えている。女子更衣室そのものが、罪悪ある息苦しい場であった。

やはり小学校高学年のころの出来事。いつも遊んでいた男友だちたちとあるショップに行ったときのこと。みんな、暖簾に目隠しされた一八禁コーナーの中が気になって仕方がない。「れんは、女子だから入れんじゃねー」と言われた。その場では気づかなかったのだが、隙間から裸の女性の写真が見えていたので、みんなは女なら行けると思ったのではないかと思う。「僕は女子じゃない」と返したら、「確かに女子に見えない」と六人全員に納得された。じゃんけんで負けた一人が入ることになり、一人が踏み込むと、堰を切ったように僕も含め次つぎと後に続いたのだった。僕は立ち入った罪悪感と目の前の艶めかしい光景に心臓はバクバク。おとなが来た瞬間に、脱兎のごとく皆と逃げだした。自分も友だちも、僕のことを女子だけど女子じゃないと、普通に思えていたころのエピソードだ。

＊

始まる思春期は、今振り返ってもつらく暗い時代だった。

小学生までは大好きなプールに行くと、男子更衣室で着替えていた。男子で通用したし、いざとなれば中に誰でも入れる個室があったから。悲しきかな、女子らしい体形になるとともにプールには行けなくなってしまった。プールと言えば、ラッシュガードがあることでどれだけ助かったか。男女問わず、上半身を隠せる水着だからだ。それでも更衣室の関係で、プールに行く機会はなくなっていった。

体育館で女子だけの学年合同授業で、生理とか教わる機会があった。僕は自分には関係がない授業だと、途中で抜け出したのをはっきり覚えている。このころでもまだ、僕の身体はいつか「おちんちん」が生えてくる、もしくは「おちょんちょん」（女性器の名称）が伸び「おちんちん」なると信じていた。でも実際には生えず伸びず、自分の願いをことごとく打ち砕き、身体は女性らしく成長していくのだった。

生理がきたとき、それを知らず「痔がやばい」と本気で思っていた。

膨らみ続ける胸を隠すように自然と猫背になり、俯きながら歩くようになった。胸の膨らみがあることに嫌悪感があり、見られたくないと思いつめていた。背筋が伸びず背骨は痛んだが、胸があることによる精神的な苦痛の方がよっぽど苦しかったのだ。より猫背になり、さらに腰が痛くなった。時代劇で見た「さらし」で胸を潰す行為に、これだと思った。でも「さらし」という物がよくわからず、包帯を必死に巻きつけたが、ズレ落ちたりして失敗に終わった。今では笑い話のようだが、その時は必死だったのだ。

＊

小学校時代は私服だったので、ズボンをはいていた。

中学校になると制服になり、入学の前に、制服屋さんに行った。そこで僕は学ランに目が留まり、眼が離せなくなった。心の中で、「これを着たい」という強い思いと、「普通にならなきゃ」という感情が入り乱れていたのだ。小学校での自分の行為が客観的にみると、皆と違う、普通ではないと感じ始めていたからだと思う。サイズ確認のために、試着しなければならなかった。試着室の大きな鏡の前で、映し出された自分の姿をまともに見ることもできず、ドッキンドッキンと心臓が握りつぶされそうになり、俯きながら着替えていた。母親と店員に、制服の丈が合っているか見てもらうために試着室のカーテンを開けなければならない……「だいじょうぶ」と自分に言い聞かせ、なんとかその場をかいくぐったのだった。

中学校初日から、スカートをはくしかなかった。こころの中で、普通に皆と同じになれば苦しまずにすむのではないかと自分に言い聞かせていたように思う。道行く人が少なくなる時間、遅刻ぎりぎりに登校し、それでも自分のスカート姿はやはり見せたくない！

速足で逃げ込むように学校に向かい、人目から逃れようとトイレに駆け込んでいた。スカートの裾を掴み力任せに引っ張ったが生地が固く、薄いポケットの部分しか破れず、泣きながら脱いだのを鮮明に覚えている。

＊

トイレのことも、僕にとってはよりいっそう深刻になっていた。

男子トイレに入ると、呼吸は楽になったが、胸が締め付けられる感じがした。例えば、小便器には立てないこと。個室が埋まっていたら必然的に開くまで待たなければいけないこと。個室に入れても、フタと便座の二つが上げられ立ちしょん専用になっていたことなどなど。

自分の身体と現実との折り合いがつかず、ただ目の前の光景に涙を流したりしていた。僕だって用を足すときくらいまわりなど気にせず、リラックスして過ごしたい。でも心がピリピリと無自覚に突き付けられる現実に反応してしてしまうんだ。

僕は神経質ではないと思っている。声に出しても思いは届かず、信じてもらえず、僕は無口になっていった。それでも辛さに気づいてほしいのと、死にたい気持ちでリストカットし始めた。最初は刃を這わせることに抵抗があったが、日々の辛さが増すたびに回数を重ねるようになっていった。本当はしたくない。切りたくなる衝動から自分を守るために、リストバンドをして、学校に通うようになった。きっとリストバンドをつけての通学は特別支援学級だったから可能だったのだと思う。同じリストバンドを毎日付けていたからほつれたり、洗濯できず鼻につくぐらい臭くなったりしていた。でもその体臭を嗅ぐことで、僕はまだ生きていると実感できていたのだ。

酸素が薄い感じ、心臓が詰まる感じでいつもどぎまぎしてすごしていた気がする。死にたいと思っても、でもまだ生きていたい、そのジグザグした心の叫び、痛みと向き合っていたように思う。

＊

ある時、偶然テレビドラマ「金八先生」を見た。トランスジェンダーの中学生の話がとりあげられていて、僕と同じだと確信した。いろいろなことがつながり少し霧が晴れたような……「そういうことか」と理解することができたのだ。

カミングアウトはもう少し後になる。高二の時、話しやすかった担任にカミングアウト。受け入れてくれ、他の先生たちとも相談もしてくれた。服装は学ラン着用が許され、トイレの配慮もされた。しかし、担任以外の先生の理解がなかなか広がらない、わかってもらえない状況は続いていた。まわりの生徒とのギャップも大きく、いつも自分だけが異次元の生き物みたいに、フワフワ浮いているような感覚がつねにあった。

2 「障害」と生きる僕

小さい頃は、自分の障害に気づかなかったし、まわりとの違和感もそれほどではなかった気がする。小学校は地域の通常級だった。小学校に入って担任の先生との関係がうまくいかず、自分の中ではそのころから苦しくなっていったように思う。鉄棒から落ちてケガをしたことがあった。一か月で完治するはずが、半年たっても治らない。実は学校に行きたくない思いから、歩きたくないと思いつめていたのだ。結果、いつまでも治らないというのがその時の真相である。学校に行くと、自分でも抑えきれないパニックが起きた。パニックが収まらず受診し、広汎性発達障害、学習障害、多動性障害と診断が出たのだ。パニックがあっても友だちはいた。担任の先生が変わり対応が変わると、受け入れられることもあった。途中から通級教室にも行くようになった。

中学からは支援学級に通った。僕にとって、学校に行くと必ずジャージに着替えるのはよくわからない不思議なことだった。ジャージを着ていることが支援学級の生徒のシンボルみたいで、通常級は支援級には近づかない方がいいみたいな暗黙の雰囲気があったと記憶している。

＊

高等部から行くことになった特別支援学校では、僕みたいにパニックを起こす子がいた。僕が喚《わめ》いたりしても誰でも起こりうることとして、他の子はその場からさっと離れる。止まっている子がいれば、離れてと誘導する子がいたりする。収まった後は、自然と中に戻れパニックに言及する子はほとんどいなかった。むしろ他の子から、自分もパニックを起こすことがあるから気にしてないよ、と言われたりした。でも、学校外でパニックが起きると、その場の輪に戻ることが難しかったりした。パニックという初めての光景に慄《おのの》く人と、パニックありきの中で暮らす僕とでは、前提があまりに違う。だから僕はこれから仲良くなりたいと思う人に、パニックが起きたりすると言うことにしている。仲良くなった人とパニックで仲たがいはしたくないからだ。

＊

僕は味覚過敏があり食べることが困難だった。それでも小二くらいまでは、給食は完食していた。まわりに合わせなくてはとかなり我慢していたのだ。パニックを起こすようになってから我慢できなくなった。食べ物を口に入れると、口の中がイガイガする。べたべたが残る。チクチク感じる。その感覚を消そうとして辛いものを口に入れたり、歯で舌を削ったりしていた。ジュースは飲めない。口の中で他の味が混ざるのがいや。甘いのが残るのがいや。ごはんはべたべたが残り、糊みたいな感じが苦手。胡麻和えみたいなのは、砂を噛んでいるような感覚。調味料など、味が混ざっているようなものは受けとめづらい。どうやって食べたらいいのかわからない。嫌な味はびくっと舌が逃げ噛んでしまう。そのせいか噛み合わせが悪くなり、いつも舌と頬の裏に口内炎ができていた。それでも、安心できる存在の人と一緒だと気分が悪くなっても言えるから、食べられるときもあった。自分で調理するようになって、材料の確認ができることでようやく改善されてきた。

＊

視覚過敏、聴覚過敏もある。音や声など自然と耳に入り、これは必要でこれは不必要だと自覚はできるのだが自分ではうまく選ぶことができない。会話の時は、雑音が混じるなかでその人の声を聞き分けている。正直に言って、疲れる。最近は、雑音を遮断するためイヤマフを付けていることが多い。イヤマフをつけていると、音楽を聴いていると誤解されることがよくあったが、この頃少し理解が広がったように感じている。

自分にとってはやたらまぶしいと感じても、なぜか信じてもらえないことが多くあった。詳しくは聞いてもらえないのだ。聞いてもらえないと、内側に会話が進みどう伝えればいいのかもわからなくなってしまう。サングラスなどもうまく使うように工夫している。またこれは過敏の問題なのかよくわからないが、人の顔を見ることが苦手である。直視しようとするとざわざわして落ち着かなくなる。それ以上に苦手なのが顔の認知である。人の顔が覚えられない。靴だとよく見ることができるので、靴で「誰か」を判断することはよくある。

＊

つぎは、学習障害について感じていること。手にペンを持って字を書くのが苦手。目に見えている字は正しい形をしているのに、書くとなると文字のパーツがバラバラになる。毎回毎回、頭の中に浮かび出る文字の配置や向きが違うのだ。関係のない字が混ざったり、パーツがなかったりもする。自信満々に書いた字が正しくても、その字が正しいのかまちがっているのか自分では判断ができなくなることがたまにある。単語だけではなく、文章を書く場合も同じことが起こってしまう。そもそも、思い出す、思い浮かべる、といったことが難しいから、自分で文字の判断ができないのかなと思っている。パソコンだと、判断に悩むことも少なく楽に文章を綴ることができる。

3 今を生きる僕、これからの僕

僕は、卒業前もだが、卒業後も就職活動はほとんどしていない。障害のある人たちへの支援ができればとガイドヘルパーの資格を取ったが、仕事とはしなかった。就労はしないと思っているわけではないが、難しいとは感じている。今は、家にいることが多い生活である。家は両親と僕の三人暮らしだ。両親は、僕とつきあうのは大変だと思うが、僕のことを理解し認めてくれているので、安心して生活できている。味覚過敏がある僕は、基本的には自分で食事をつくる。材料も調味料も自分で確認し、自分の好みのものをつくる。時々親や友達に食べてもらうが、わりに評判がいいのでうれしい。生活の中で一番の苦手がかたづけで、自分の部屋は、洋服や使ったものなどで散らかっていて、必要なもの、大事なものが埋もれ、困ることがよくある。わかってはいるが、うまく対応ができない。両親は時々二人で旅行する。僕が一人で生活をすることを体験させたいと思っているのだ。

最初にも書いたが、インターネットで調べ興味がもてると、今も学習会や集会などに参加している。トランスジェンダーの子どもの集まりや、レインボープライド（多様な性のパレード）にもボランティアとして参加し、手伝いを定期的にやっている。また、声がかかれば、性教協の世話人さんたちの授業や講演にも参加している。謝礼をもらえるとうれしいし励みになる。自分の勉強にもなる。

今、ある夢をもち挑戦し始めたところだ。児童文学の作家をめざし「創作教室」で学んでいる。小さいころからいろいろなことを空想するのが大好きだった。というか、次つぎに勝手に物語が浮かんでくるのだ。

中学生のころには、自分の空想の世界を文字にして表現することも始めた。僕のパソコンの中には、物語がたくさん眠っている。もっとも途中のものも多いが。ライトノベルや児童書などもよく読んでいて、今振り返るとそのころから「作家」になりたいと漠然と考えていたように思う。

二〇歳過ぎたころ、自分から大好きな児童文学の作家さんに会いに行った。自分でも不思議なのだが、行動すると願いが叶うのだ。その後も何人もの児童文学の作家さんとお会いし話をして、今の「創作教室」に行きついた。「創作教室」では、もちろん定期的に作品を出すことになっている。作家さんに講評してもらうが、同時に参加者の間でも意見を言い合う。その時間が僕にはとても楽しい。作家さんたちの食事会や集まりにもよく行く。その空間がとても心地いい。僕が発達障害であること、トランスジェンダーであることも、普通に自然に受け入れてくれる。むしろおもしろがってくれさえする。「その感覚を生かしなさい」と、アドバイスしてくれる。僕が僕を出してもだいじょうぶ、僕の感覚をあたりまえに認めてくれている、とても自由な空間なのである。それにこたえたいと思うが、作品を仕上げていくのは大変なことだ。頭に浮かんだことを一つの物語とし、言語化していく作業は根気がいるし、僕にとって難しいことの連続だ。体調はあいかわらず山あり谷ありだし、昼夜逆転もある。時には、ゲームに逃げ出し、くじけそうにもなるが、それでもやっぱり物語を書くのは楽しい。そのための勉強や、講評を聞くことも、作品を中心に話し合うこともここちよい時間だ。

まだどうなるかわからないけれど、今はとにかく勉強中。無理せず焦らず、少しづつ進んでいきたいと思っている。作品を考えたり練り上げる試行錯誤が楽しくもあり、生き甲斐になっている。応援してくれる人たちもいるし、しばらくはこの道を歩くことになると思う。

3 病いとともに生き抜いた若者の「語り」から学ぶ

この章では、障がいや病いのためにさまざまな困難を抱える若者の生きる姿を見つめ、彼ら自身の「語り」から学ぶことを軸としている。

そこで、私（佐藤）は院内学級「いるか分教室」（以下、「いるか」）で出会った小島君に原稿執筆を依頼することにした。小島君は高校一年のときに小児がんのひとつである骨肉腫を発症した。約一年の治療のあと復学したが、その後、再発を何度か経験し、大学を卒業して社会人になってからも病いとともに生きてきた若者だ。自分自身の病いの経験を発信することが後輩の助けになればと、シンポジウム、大学での講義、新聞、テレビなどを通じ患者支援活動に意欲を燃やしてきた。

今回の依頼にも「今の自分が今度はどんなことを書けるか、自分でも楽しみです」と笑顔で快諾してくれた。

しかし、原稿執筆は成らなかった。がんの再発により、小島君は逝ってしまった。

亡くなる二週間前に、「原稿のことが負担になっていたら申し訳ない。」とメールを送ると、「今まで原稿を書くことを負担に感じたことは一度もないです！　ただ、今回は、ヒロジ先生に今までの自分の発信した内容をまとめてほしい。」と返信があった。治療が進み体調が戻ればまた書きたいと小島君は思い続けていたはずだ。

野球一筋に打ち込んできた小島君にとって、高校生活がスタートしたばかりで見舞われた小児がんという重い病いの発症はどれほどショックだったことだろう。しかも、患部が足だったためにもう野球はできないという告知もされたのだ。そのときの心情はとても想像の及ぶものではない。

出会ってからしばらくしたある日、彼は私にこうつぶやいた。

「野球やるために選んだ学校だからさ。先生、俺、治療が終わってももう高校に戻る意味なくなっちゃったよ」

しかし、「いるか」で出会った仲間たちと支え合い、病院の中での生活を輝かせていくなか、彼は変わっていった。復学した高校での卒業論文は、「中高生のがん患者から見た日本における『小児がん』の現状と課題」をテーマに書き上げた。自らの病いの経験をもとに、感情を失うほどのショックを受けた状態からどうやって病いを受容するまでに至るのかという心理移行を分析し、そこで果たすべき院内学級と教員の役割を明らかにした。また、「インフォームドコンセントによる医療者と当事者の認識のズレ」や「小児がんに対する世間一般の抱くイメージ（死に至る病）と医療現場の実際（治る病気）とのズレ」についても問題意識をもって取り上げた。前者は、当事者どうしによるピアサポートが重要であり、後者は、教育現場で「小児がん」の正しい知識を広めることの必要性をあげ、マスメディアの責任もあると考え新聞記者から聞き取りも行なった。

この卒論に取り組み始めた矢先、一度目の再発が発覚した。今まで涙を見せたことがなかった小島君が初めて号泣した。病院の駐車場の車の陰で、二人きりで泣いた。

しかし、その数日後に入院してきた小島君は見事だった。入院して間もない高校生たち全員に声をかけ、みんなをつなぎ仲間に巻き込んでいった。それまで閉じていた個々のベッドサイドのカーテンは、小島君の入院とともにすべて開いた状態になった。

小島君は、最初の入院で自分が仲間によって救われた経験から、この再発での入院では、みんなをつなぐことが自分の役割だと強い自覚をもっていたのだ。当時、入院していた生徒たちや保護者の何人もが「あのとき、小島君に救われた」と今も言っている。

再発の治療を終え、大学に入学した小島君は、一年次に「思春期・青年期のがん患者の抱える課題とサポート」をテーマにしたシンポジウムで自分の経験を語ってくれた。そして、その三年後、再びシンポジウムを行ない、その間の自分の考えや心理移行についての捉えなおしを語った。

発症から九年、再発を何度も経験し、手術は一〇度にも及んだ。しかし、そのつど、自分を見つめ直し、新たなチャレンジを試み、前向きに生き抜いた。

ここからは、彼が卒論やシンポジウム等で綴り語ってきたことを再構成して紹介していくことにする。これ以降、小島君の一人称の文体となっている。

1　病気発覚

高校一年のとき膝に異常を感じ地元の整形外科病院を訪ねたが、次つぎに大きな病院への受診を勧められ、最終的に「骨肉腫」と診断されました。

病名を聞いた瞬間、初めて感じる「死の恐怖」から自分の体が震えたのを覚えています。部分的に震えているのではないのです。体の芯から震えていたのです。この震えこそ、自分が本当の意味で死を間近に感じた「真の恐怖」というものではないかと思っています。

その後、「がん」になったのがなぜ自分なのかという「絶望感」と「怒り」に包まれました。入院当初は、この「絶望感」から何も考えることができず、抜け殻のような生活を送っていました。そして、携帯ゲームをやり始め、気づいたときにはすでに夜になっているという時間感覚の麻痺もおきていました。

医師から、治療方針や人工骨の説明等を聞いたときには、治療をしっかりすればまだ死ぬわけではないという少しの「安堵」はあったものの、今まで野球をすることが日常の主軸だっただけに、治療・手術をして治癒したとしてもこれから一生激しい運動ができないということは想像以上に苦しいものでした。死ぬこととは違う「もう一つの絶望感」がありました。

卒論の中で、病気発覚時の心境をこのように振り返った小島君だが、大学一年次のシンポジウムの冒頭では以下のように語った。

私は高校一年の九月に、骨肉腫と診断されて入院し、高校二年の七月に本退院、しかし高校三年の九月に再発してまた治療をする、といったように高校生活中にがんの発症、再発を経験しました。皆さんはこのようなことを聞いたとき、どのように感じますか。おそらく、多くの人は「かわいそう、とても辛かっただろう」とマイナスのイメージをもつと思います。しかし、私はこの三年間、とても楽しかった。普通の人があたりまえに過ごす高校三年間より、より充実した時間が過ごせたと感じています。たしかに、マイナスのイメージがないわけではありません。普通の人が経験しないような苦しみもたくさん経験しました。しかし、それをひっくるめて考えても、私はこの三年間はプラスのイメージの方が勝ります。それはやはり、「いるか分教室」という場所があり、とてもいい教員がいて、そしてなによりともに過ごした友人たちのおかげです。

小島君にとって、「いるか分教室」という場と、そこでの出会いが大きな転機になった。

2 「笑い」を取り戻す

現実逃避ばかりを繰りかえし、自分の世界にふさぎ込んでしまう日々を変える一つのモチベーションとして「いるか」で取り組んだ音楽活動がありました。まず、病院の中でそのような活動ができるということが驚きですが、「いるか」の部活動の一つとして軽音楽部が存在していたのです。私は今まで音楽というジャンルにまったく興味がなく、「いるか」に来て初めての挑戦でしたが、音楽活動は新しい楽しみだけでなく、多くのことをもたらしてくれました。

軽音部には半ば強制的に人数合わせのように入れられたのですが（教員は仲間とつなげようと意図的に誘い入れたのだった）、楽器演奏を通してバンドのメンバーと仲良くなり、私の世界はガラッと変わりました。笑うことができるようになったのです。「あ、俺普通に人と話せてるな、そして自分ちゃんと笑えてるな」と、まるで忘れていた感情を取り戻したようでした。病気になったことでずっと一人で閉じこもっていた私が、やっと心の底から笑えるまでに持ち直すことができました。

3　病気を受容するまでの心理移行

私は、がんが発症してから今に至るまで、大きく分けて四つの精神状態に陥りました。

最初は自分ががんになったことが信じられない「ショック期」、次に現実逃避ばかりを繰りかえし、自分の世界にふさぎ込んでしまう「混乱期」、そしてそこから抜け出し自分の病気と向き合い始めた「解決への努力期」、最後に病気を自分の一部として完全に受け入れることができる「受容期」です。

私にとって「いるか」は、この第二段階である「混乱期」から第三段階の「解決への努力期」へ心理移行するのに大きな役割を担ってくれました。

まず、「いるか」に行くということが「混乱期」を抜け出す第一歩となります。病室が同じメンバーとは、夜通し会話したり遊んだりと、入院しているのにまるで寮生活のようで、治療の辛さというものが感じられなくなっていきました。事実一人で閉じこもっていた時期に抗がん剤治療をしたときは、体調、そして精神状態まで病んでいて、病院にいるということがとても苦痛に感じられました。しかし、仲のいい友人ができたことにより、家にいるより病院にいる方が楽しく、一時退院することがとても残念に思えるようになりました。

こうして出会った友人たちと仲良くなることで患者どうしのピア・カウンセリングをすることができるようになりました。

前から入院していた年上の先輩が、学校が終わって病室に戻ったときに「いるか」の皆を集めて雑談する機会を毎日つくってくれたのです。その雑談では、たわいもない話から通称「病人トーク」といわれる、はたから見るとけっこう重い話までかなり幅広く話し合いました。その「病人トーク」というのは、自分の病気について話すのですが、例えば、まず病名であったり、自分の病気の症状、今の状態、そして使う薬などについて患者どうしのみで話し合います。それの何がいいのかというと、同じ病気の人が見つかるかもしれない、ということです。同じ病気の人が見つかるというだけでも自分は孤独じゃない、という安心感につながります。また新しく治療するために入院してきた人にとって、自分よりも先の段階の治療をしている人、すなわち治療経験の先輩は自分も将来こうなっていくという自分の未来像を照らし合わせることができる存在です。その先輩に治療や体調、薬の副作用等について聞くことで情報を増やし、その時々のアドバイスをもらうことができます。また、同じ病気でなくても、「がん」を闘病する仲間として、自分は何が辛い、何に苦しんでいる、といった親や教師、そして担当医にも話しにくいことを、その仲間には打ち明けることができました。

その結果、「混乱期」という長く暗いトンネルを抜け、自分を見つめ直す「解決への努力期」へ進むことが自然とできました。また「病人トーク」を続けていくうちに、自分の病気をネタにして話せるようになっていきました。それは、自分の病気とだんだん向き合ってきているためにできることなので、このこともまた最終段階である「受容期」に向かってきていることを意味しています。同時期に闘病生活をともにした友達の中に「自分は病気になってよかった。病気になったおかげで素晴らしい出会いがあった。病気にならなかったらつまらない人生だったと思う」と言い切れる人がいました。自分よりはるかに病気を受け入れることができていると思います。しかし、今の自分ではとてもこの考えを受け入れることはできませんでした。将来、自分もこのような考えに行き着くのだろうか…少しずつですが、その方向へと受け止め始めたように思います。

4 当事者にとっての院内学級の役割と復学支援

院内学級というのは、病気のために治療や入院をすることになったとき、学習空白を埋めるというか、元の学校からの学力の維持や出席日数、単位履修などの役割を果たしているという話がよくあります。しかし、私は、「病気になる前の自分」と「病気になった後の自分」とをつなぐ役割が大きいと考えています。病気によって人生がまったくガラッと変わってしまったけれども、その変わってしまった人生を生きるために今後どうやって自分と向き合っていくのかということをちゃんとつないでくれる場所だと思っています。そして、生徒たちの不安定なメンタルをいかに回復するか以上に、成長させることができるということを院内学級の課題として考えなければいけないと思っています。

ここで難しいのは、一人ひとり病状や環境やバックグラウンドが違うということです。よって、みんなに同じようにやればいいというものではないし、一人ひとりにきちんと寄り添えるサポートができるのかということが一番の課題だと思います。

実際、自分は「いるか」で助けてもらいましたが、ただ、今できているからいいということではなく、これからもずっと続いていけるかどうかが問題なのです。

学力ももちろん必要ですが、一番大事なのは患者のメンタルであり、変わってしまった自分の人生や変わってしまった自分に患者自身が向き合えるのかとか、認められるのかとか、院内学級はそういうことを大切にする場所であってほしいと思っています。

院内学級でのもうひとつ重要な課題に「復学支援」があります。基本的な方針としては、元の学校に戻すというのが基本的なベースではあると思います。やはり患者自身も元の世界、元の学校に戻りたいという気持ちがすごく強い場合が多いと思いますから。しかし、本当に元の学校に戻すことがベストな方法なのかということについては、少し違うと自分は思っています。病院で治療したことにより、昔の自分と今の自分では違っているのです。だから、今の自分を昔の環境に当てはめてもうまくいかないことだってあるよねっていうことまで考えてくれているかどうかだと思うのです。

自分は復学支援のあり方というのは難しいなぁと思っていて、復学する直前に、「戻る」「戻らない」とか、新しい自分になったことで元の学校ではなく「どういう道をめざすのか」とか、そういう話になるのだと思っています。そこで、すり合わせができないからと、ただ元の学校に戻りたいから戻すだけだと、元の学校に戻ってから患者自身がすごく苦しむ結果になってしまうこともあると思います。少しでもそうした不安があるのであれば、やはり戻る前にいろいろな選択肢を出しておいて、そのうえで元の学校に戻るのなら戻ってもいいし、戻った後でもやっぱり駄目だったってなれば、すぐにサポートしたり、また違う道を示唆できるような復学支援の仕方を院内学級の先生方に求めたいです。

自分は何も考えずに元の学校に戻りたいからと復学し、それで何事もなく過ごすことができました。しかし、いざ実際に戻ってみて就職活動を控えて思うことは、やはりこの小児がんを経験したことから医療と関わりたいということです。元の学校が文系だったのでそのまま文系に進みましたが、あのときもう一度しっかり考えていたら違った選択肢もあったのかなとも思います。しかし、実際自分は今の人生に悔いはないので全然だいじょうぶですが、誰にも後悔はしてほしくないので、院内学級の復学支援では、新しい自分を受け入れ、かつ新しい自分がこれからどういう風に人生をいきていくのかという船出になるターニングポイントとして、生徒たちにいろいろ考える機会を設けてあげサポートしていってほしいと願っています。

あるアンケートで「復学したらどのように接してほしいですか」と質問を受けたことがあります。このことについて、「いるか」で出会った女性の先輩の言葉を紹介します。

「変に気を使われるのは嫌だけど、気を使われないのもすごく嫌だ。優しくされすぎるも嫌だけど、優しくされないのはもっと嫌だ。普通がいい。普通になるために、今の自分のことをちゃんとわかってもらえるようにしなきゃ。伝えなきゃ。相手は自分と同じじゃないから、嫌なこと、無理なこと、平気なこと、たぶん平気なこと、少し心配なこと、いろいろなものを中にしまっていないで外に出してみる。嫌だったことがちょっと楽しみに変わるかもしれない。」

まさにこういうことだと思います。みんなと同じように扱ってほしいけど、特別扱いもしてほしいという矛盾をはらんでいるんです。同情ではなく、みんなと同じように扱ってほしいと思う反面、本当に同じように扱われたらとても辛い。ただ、みんなとは違うんだよということをしっかりと認識しておいてほしいのです。

彼女がディズニーランドに何人かの友達と一緒に行ったときのことです。膝が悪くて、休まないといけなくなるのですが、そのとき毎回、「だいじょうぶ？　疲れた？　休もうか？」と気にかけてくれる友達がいたそうです。気にかけてくれるのはうれしかったけど、どうしても特別視されていると感じてしまったそうです。でも、別の友達は、疲れていることを察して、その子だけでなくみんなに「カフェに寄る？」と声をかけてくれたそうです。このように接してほしいのです。

5　患者支援活動で伝えたいこと

自分が「いるか」に入り、先生や先輩に助けられたことの恩返しとして、自分も後輩たちに何か残せたらいいなと始めたのが患者支援活動です。高校の卒業論文で自分の経験をまとめ、シンポジウムやテレビなどを通して問題意識をもって意見を発信しています。そして、ＡＹＡ世代のがん患者やその後のアフターケアの問題を国全体で考える時代になってきたと感じています。

その患者支援活動でさまざまなことを訴えてきましたが、なかでも「患者どうしのコミュニケーションの重要性」について強く訴えてきました。ピアカウンセリングや病人トークなど、患者どうしで話し合い、自分たちで自分の思いを伝え、相手の思いを聴くなど意見交換をするなかで、自分の病気と向き合うことがとても大切だということです。

しかし、これらのことを実際に闘病中の患者に伝えても、急にほかの人たちと積極的に話をするのは難しいのが現実です。だからこそ、患者どうしのコミュニケーションの重要性とともに、その環境づくりの重要性、すなわち、院内学級の設置を増やすべきだと訴えてきました。だが一番重要なのは、設置することではなく、その院内学級の雰囲気や環境をいかに作り上げていくかということです。設置されただけだったら、ただ勉強する場所で終わってしまうかもしれません。しかし、そうではなくて、治療している学生のために、「いるか」の教師が試行錯誤してくれて、アットホームな雰囲気であったり、過ごしやすい環境を作り上げてくれたおかげで付加価値が生まれたと思っています。その付加価値というのが、自分の場合だと、「自分のメンタルを回復させる以上に成長させてくれた」ということ。それはつまり、「病気になったというショックを乗り越えるだけでなく、昔の自分とは違う今の自分をいかに受容するかを助けてくれた」ということです。これはあくまで自分の付加価値であって、患者一人ひとり、『いるか』がどんな場所」であったかは意味づけが違うと思います。しかし、みんなが、ただ勉強する場所ではなかったし成長できたと言っています。話を戻すと、重要なのは院内学級を設置することではなく、設置された院内学級の環境をどのように作り上げていくか、そして、それを作り上げるのが院内学級の教師だということです。一番のキーパーソンは院内学級の教師なのです。

6　院内学級における教師の役割

院内学級は、治療中も勉強を継続して行なえる場所でもあります。しかし、自分にとって「いるか」は、勉強する場所ということ以上に闘病中の心のよりどころ、すなわち病院のオアシスでした。そして、その中で必ず必要なのが教師の方々です。これは両親にもあてはまりますが、彼らに自分の病気のことについて悩んでいること、辛いことを相談しても期待しているような答えは絶対に返ってきません。なぜなら、彼らは私たちと同じような病にかかったことがないのでまったくわかっていないからです。しかし、わかっていないからダメ、というわけではありません。教師の方々は私たちの少しの体調の変化を察して気を配り、また病気以外の相談には積極的に乗ってくれ、またある時には私たちが自分の病気について吐き出したい、誰でもいいから聴いてほしいと思うときに答えは返せないけれど親身に聴いてくれる等、私たちの思いに必死に答えてくれました。もちろん、彼らは勉強を教えてくれる教師というのが前提です。しかし、私は教師として見ていません。彼らは、信頼できる、信頼のおけるパートナー、友人でした。普通の学校ではこうはいかないでしょう。しかし、私は彼らがいてくれたおかげで何度も救われてきました。私たちのような思春期・青年期の患者には彼らのような存在が必要です。「いるか」をオアシスとすれば、彼らはいわばオアシスの水であるといえるでしょう。

自分が経験した「いるか」の先生方のよかったところを挙げていきます。

一つ目は、何ができないかではなく何ができるかを考えてくれることです。例えば、私は膝に人工関節が入っており体育や激しい運動ができませんが、膝を使わないで何ができるかを一緒に考えてくれました。ネガティブからポジティブへの意識変換を心がけているからでしょう。アプローチの方法が生徒の考え方に結びついているから、困難にぶつかったときの乗り越え方や考え方が身についた実感があります。

二つ目は、生徒が何かやりたいといったときに、否定せずに自主性を尊重してくれること。そして、とことんつきあってくれること。その生徒が実際にできそうにないことでも、とりあえずさせてみてチャレンジ精神を育ててくれます。

三つ目は、「いるか」の先生は、人は人を変えることはできないことを理解しているのかなと感じたことです。他人に「ああしろ、こうしろ」と言われ強制されて行動することがあっても、実際には本当に人が変わるのは、自分が理解して初めて変わることができるということを先生方はわかっているのだと感じました。まずはその人が自分で気づけるように、気づくための種まきをしておき、かかわるなかで本人が見つけて、腹落ちさせて変わっていくということを大切にしてくれました。こうした対応はありがたかったです。

四つ目は、察する力です。人をよく見て、その人がどのような状況なのかを察してくれます。「いるか」の先生は、多くの選択肢を用意しておいて、ベストな選択肢を与えながら探っていたのだと思います。答えが一つだと物足りないのです。ある先生は、子どもたちを楽しませるためにジャグリングやマジックなどパフォーマンスを用意しておいて子どもに一番響く選択肢を与えることができます。一つだけの答えだと、答えられない時もあります。あらゆる選択肢・あらゆる状況を考えつつ準備しておくのがいい先生だと思います。

五つ目は、同情ではなく共感してくれるということ。同情は同じ立場に立っておらず、「あの子かわいそうだな」と違う立場から哀れみの目で見てしまっています。共感は同じ立ち位置にいることです。再発をして泣いているときに先生も一緒に泣いてくれました。同じラインに立って泣いてくれたという部分で、同情されたというよりは共感してもらえたと感じるのです。「いるか」の先生方は、同情ではなく共感してくれる力に長けていたと思います。共感するときに共感の仕方もさまざまあります。知ったかぶりをしないというのが印象に強く残っています。例えば、人工関節になり車いす・松葉づえになったときに、「骨折を経験したときに同じ思いをした」というのは共感ではなく知ったかぶりであると感じてしまいます。骨折は治ると走れますが、私は走ることさえできない。なんとなく同じような感じで知ったかぶりをしないでほしいのです。これは、治療等で障害を負った子も共通して話しています。難しく、めんどうくさいことですが、自分と同じというような見方はしないで、違うんだよということを察してほしいです。教師と生徒の関係だと、信頼関係に差が出てくると思います。

六つ目は、患者一人ひとりの病気・症状を理解していることです。同じ病気だから同じ対応をするというのではなくて、理解してくれているからこそ一人ひとり違う対応をしてくれました。特別支援の難しいところであり、大事にしてほしいところでもあります。

最後に笑顔にするのは重要です。笑顔だからこそ安心できる。病気は死んでしまうかもしれないということと隣り合わせだからこそ、安心できるということは自分を日常に戻してくれます。まちがいなく重要です。

7 「受容期」に至るまで

高校の卒論では、心理移行について次のように書きました。

「運動ができなくなってしまった自分を未だに許すことができず、どうしても妥協しながら毎日を生きている感覚が消えないが、少しずつであるが今の生活に慣れてきているのは事実である。以前のように、扉が閉まりそうな電車に向かって走り出すといったような衝動も起きなくなり、歩くのみの生活が定着してきたように思える。以前の自分とは違う、病気や障がいをもっている自分に慣れ始めたということ、すなわち、『受容』とは『慣れ』なのではないかと考える。」

しかし、この考えは変わり、大学一年次には、『受容』とは『覚悟』であると考えるようになりました。私は、医師から無理だといわれていることでも、「退院したら努力してなんとかやってやる」という夢をもっていました。しかし、実際に社会に戻ってみると、その夢はあきらめなければならない、という現実に直面しました。その結果、「ああ、ここが今の自分の体の限界点であり、この体と一生つきあっていくのか」という覚悟が生まれました。この覚悟をもつことこそ、最終段階である「受容期」に入るということではないかと考えるようになったのです。

このように、自分は受容期に入っていたと感じていましたが、大学三年になり振り返ったとき、実はそうではなかったというのが素直な気持ちです。

自分は「障がいについては受容できていたが、病気に対してはまったく受容できていなかった」ことに気づかされたのです。それは、昨年秋、またも再発を経験したときのことです。病気から逃げて、ずっと見て見ぬふりをしてきましたが、結局しつこく病気が迫ってきて、やっぱり病気からは逃げられないと感じたときに、自分は病気と……あと障がいと一緒に生きていこうとやっと腹に落ちてきました。そして、この再発で現実を思い知ったために、病気に対しても覚悟ができました。

思いあたる節として、友達に膝が悪いことはすぐに言えたのに、病気に関してはまったく言えませんでした。障がいについては受け止めることができていたけど、病気に対しては受け止めることができていなかったためだろうと思います。

病気に対する覚悟ができた後は、自分の病気のことを人に話せるようになったり、ずっと敬遠していた若年性がん患者のコミュニティ「スタンドアップ」という団体に再び顔を出せるようになりました。また、自分自身で体のことを気遣うようになりました。今までは暴飲暴食したり、食事のことは母親が考えるだろうと人任せにしていた部分がありましたが、自分でもすごく気をつけるようになりました。また、治療方針も自分で決めるようになりました。ちゃんと自分の体と向き合えるようになり、やっと、この体で、この病気と一緒につきあっていくんだということを受容できたのかなと自分では感じています。

8 「生き方」の変化

大学一年次のシンポジウムでは、以下のように話を締めくくりました。

「私は高校から大学へと進学したが、変わったことが一つあります。それは、『生き方』です。高校時代は、ずっと先のことを考えながら生活していました。なぜなら、やはりいくら『いるか』がよかったとはいえ、私の高校時代は、すなわち闘病期間ということに変わりはなく、どうしてもその考えが払しょくできなかったからです。再発したということも大きいですが、だからこそ、高校時代は自分の体を治すとき、だから今耐えればこの先絶対いいことがある、と思って過ごしていました。しかし、それはすなわち、今を捨てて生きている、とある日ふと気づきました。それは、この先また再発してしまったらどうしよう、と考えていた時のことです。もしまた再発したときに、その期間を捨てると考えたら、無性に自分の人生がもったいなく感じられました。だからこそ、私はその日から、先の日々に期待をして過ごす、という生き方から、行き当たりばったりですが、その一日一日を楽しむ、という生き方に路線を変更してみました。いま、大学でそのような生き方をしていますが、毎日が楽しくて仕方ありません。そして何より、この生き方のメリットとして、後悔することが少ないです。先の日々に期待しながら過ごしていると、何をやるにもまだ時間はある、と後回しにしていましたが、一日一日を楽しみながら過ごすと思ったらすぐやるのでやり残すということがなくなりました。今、少し先のことを考えてどう動けばいいのかわからなくなっている人がいたら言ってあげたいです。「今を全力で生きろ」と。それが実は、どんな精神状況でも壁を乗り越えるのに必要なことだと思います。それはがん患者にも言えることです。がんという病気にかかって先が見えず、立ち往生してしまうことが絶対にあるでしょう。でも、そこで重要なのは立ち止まることではなく、現在おかれている状況で精いっぱい動いてみることです。もし、いろいろな意味での後輩が、道を見失っているのならば、私がそうしてもらったように、前へ進む道を作ってあげたいと思います。」

こう話してから三年が経ち、また違う考えをもつようになってきました。「今を全力で生きる」ことで後悔のない生き方をしようと考えていましたが、その裏返しとして、なぜ今を全力で生きるのかと考えたときに、先のことを考えられないから今を楽しみ、今を楽しむことで自分の中で後悔を残さないようにしたいということではなかったかと思います。

しかし、その後パートナーができたことにより、自分の人生というのは自分だけのものではないと思うようになりました。そして、病気や障がいと共生し、たとえまた治療になってしまうという可能性を含めてでもパートナーとともに過ごすこれから先の人生を考えたいと思うようになりました。それは自分の人生は一人のものではないということに気づいたためだと思います。人事を尽くして天命を待つ。将来どうなるかなんてわからないし、そうなってしまったときにまた考えればいい。

今の自分が、三年前（初めてのシンポジウム）や六年前（病気になったとき）の自分から成長できたと思える部分です。このように考えはどんどん変わっていくものでおもしろいなぁと思います。

9 「妥協の人生」からの卒業

入院当初、病名がわかり、今までの人生の軸であった野球ができなくなってしまったころ、「自分はなぜ生きているのか、野球やスポーツができない状態になってまで生きる意味はあるのか。こんなふうになってしまった自分自身を許せない」と考えるようになりました。この時から「妥協の人生」が始まったと考えていました。それは、こんな状態になった自分自身を許せないと感じつつも死ぬ勇気もなく、自分が生きたいからではなく親より先に逝くのは申し訳ないので、いやでも受け入れて生きていくしかないということを意味していました。

大学一年次、障がいについての覚悟はもったものの、まだ完全に「受容期」には入りきれていないと感じていました。なぜなら、どうしても「妥協の人生」を生きている感をぬぐえないでいたからです。これは治療によって、後天性の障がいを負ってしまったからこそ感じることでした。人工膝関節が体の中に入っている身体障がい者になって初めてわかったのは、あたりまえにできるということがどれほど難しいかということです。昔はできたことが今はできないというのは、とてもやりきれない気持ちになるものです。だから、自分はすべての生活において妥協しながら生きているのではないかと感じてしまっていました。

このように大学生になってからも「妥協の人生」という思いは続いていましたが、大学のゼミ活動が気持ちを切り替えるきっかけになりました。本当に内容の濃いゼミ活動で、グループワークで本音をぶつけあったり、いろいろな本に出会うことを通して、「人生は一本道ではない」ことにようやく気づくことができました。それまでも実は周りから言われていたことだとは思いますが、そのときは全然気づくことができないでいました。

自分の中で「人生は一本道じゃない」「今こうやってはずれてるからってダメなわけじゃない」「他の道で人生を楽しめればいいんじゃないか」と腹落ちしてみると、野球という一つの道が無くなったことで何の希望もないと思っていたのは、とても狭い世界で生きていたんだなと思えるようになりました。

「野球だけが人生と考えることの方が、よほど自分の人生の可能性を狭めている。複数の選択肢の中から野球が一つなくなっただけだと考えれば、自分の人生は『妥協の人生』を生きてるとはまったく考えられない」

こう思うようになり、あぁやっと「妥協の人生」というネガティブなところから、ポジティブな段階に来れたのかなぁと思っています。

人生は一本道ではないと気づいた後、自分の道を探したくていろいろな活動をしています。そういう意味で、人生への考え方が、ネガティブ（妥協の人生）からポジティブ（人生は一本道ではない）、そしてアクティブ（自分の人生の可能性を最大限生かそう）へと変わってきました。

こう思えるようになったのは、やはり障がいと病気の両方を自分の中で受容できたことが大きいと思います。そのことが、自分の人生の可能性を最大限に広げていると実感しています。

やっと、少し長いトンネルを抜けられたのかなぁと思っています。

小島君を知る者たちの心には、いつだって小島君がいる。これから先、小島君の思いが一人でも多くの人たちに伝わり生き続けていくことを願う。

4 青年当事者たちから学ぶ

今回、三人の青年当事者たちから、障がい・病気と向き合うということ、障がい・病気とともに生きるということ、そのことを考えるうえで欠かすことができない場や人との出会いと関係、出来事などについて、聞き取りも含めさまざまな形で原稿を寄せていただいた。障がい・病気も、成育環境も、地域も異なる青年たちである。「あくまで自分のことを伝えているのであり、障がいがある人全般のことではない」と異口同音に語っている。「私」のことを「私の表現」で伝えたいという。実は、このことは大事な視点となる。今回登場願った「れんさん」に、彼が参加していた青年向け講座の中で聞かれたことがある。

「自分のことを知りたくて発達障がいの本をけっこう読んだ。次は、障がいがない人の感覚が知りたくなってそういう本を探したけど、ないんだよね。普通ってどんな感じなのか教えて?」

この言葉は、私だけでなく、居合わせた障がいがある青年たちにおおいに受けた。予定にはなかった「普通って何?」がその日の授業の中心課題となり、それぞれが考え合い話し合った。うまくまわりに合わすことができないことや、言葉が伝わりにくいこと、文字がスムーズに書けない、数の計算が苦手なことなど自分でもわかっている。できないこともできることも、抱える感覚も一人ひとり違うから受ける支援も異なる。でも人間であるという共通項のなか、いろいろ感じながら普通に生きている。おおげさなことでなく、あたりまえに認めてもらえたときホッとできる。一生懸命考えながら彼は言葉にしていった。それでも一方で、「障がいがないのっていいな」と、ぼそっと出てくる。どちらも本音なのだと思う。いくつもの本音を出し合うことで見えてくることがある。

ここに登場していただいた青年当事者の言葉は、あくまで「私」の物語だ。しかし、それを通してしか見えてこないこともある。私たちはどう受け取り、どう学ぶのか、課題を渡されたのだと思っている。

1　青年当事者が伝えていること

❶「遠藤くんのしあわせ」を読んで

高等部を卒業し、ホテルに入社して一七年になるという遠藤さん。養護学校高等部時代の担任だった教員に、これまでの自分の人生を聞いてもらえることがうれしいと、積極的に何度も電話し連絡してきている。淡々と語る、小中学校時代。六年生の朝の会での出来事、理不尽とも思える対応をした女性担任に対して「嫌いじゃなかった」と言う。その後何度か会っているし、「会えてうれしかった」とまで言っている。自分でも気づかない気持ちの奥深くで心に蓋をして感じなくさせているのか、家庭などでしっかり守られていることで傷にならなかったのか。中学校時代についても勉強のことや部活のことを淡々と語っているが、まわりの彼への配慮がまったく見えてこない。いつか、これらのことを「やっぱり、おかしいよね」と言って振り返ることができるようになることを願う。

養護学校高等部時代になると、がぜん話が明るくなり、友だちの名前もたくさん出てくる。楽しかった関係だけでなく、喧嘩仲間のことにも触れることができる。田植え、マラソン、修学旅行、体育祭、太鼓部、そして寄宿舎生活を楽しそうに語る。そこには必ず友達の名前があり、初恋らしきことまで語られる。小中時代とトーンが違っている。その後、希望していたホテルに勤務。オートバイと車の免許を取ることで、生活が広がり、仕事にやりがいを見出し、同僚と旅行に出ることを楽しみにしている。今が一番幸せだと語る遠藤さん。

遠藤さんの振り返りのなかでは、高等部時代の友だち、教員との関係の充実がその後の彼を支える原動力になっているように思える。具体的な学習の中で、人との協働や関係性が多様に絡み、矛盾をも乗り越える力になっている。友だちやおとなたちとの一方向でない関係の中で生まれる充実感の体験が、社会に出たとき、いろいろあるけれど自分で決める、選べる力につながっているのではないだろうか。

❷「僕のはなし」を読んで

れんさんは、発達障がいとトランスジェンダーというダブルマイノリティを生きている青年である。学校時代、通常学級、通級指導、特別支援学級、特別支援学校とさまざまな場所を選び経験しているが、そのほとんどが居場所にはならず、通えない状況を過ごしてきたという。

発達障がいとトランスジェンダーからくる自分の独特な感覚について、自分の過ごしてきた時間を振り返りながら語ってくれている。小学校や中学校時代、パニックをよく起こしていたというれんさん。当時は自分の中で起こる拒否感や怒りを語る言葉が見つからなかったという。相手に説明したいのに言葉が見つからない、どう言ったら伝わるのかがわからない、結果激しい暴力につながることが多かったのだという。高等部後半、自分から外の世界とつながり、セクシャルマイノリティーの仲間や、性教育を学んでいる仲間たちと出会っていく。そこで「僕」(自分)を語り始めていく。ここに青年期の大事な課題が見えている気がする。いろいろな時期に、出来事や人との関係についての振り返りはあるのだろう。青年期における振り返りは、自分をより客観視する作業なのではないだろうか。なぜ自分はそうしたのか、何を感じていたのか、まわりの人は何を見たのか感じとったのかなど、渦中でなく、一歩外から見ていく作業なのだと思う。

今、彼はいろいろな場所で、今回のような内容で自分語りをしている。そういう場があることで、何度も自分を見つめ直ししているようにみえる。

同時に児童文学の勉強も始めた。自分から児童文学者に会いに行き、関係を広げ、創作教室にも通い始めた。中学生くらいから、自分が空想する世界をパソコンに向かい表現してきた。途中までの物語が、掘り起こすとたくさんある。やりたかった「夢」を追ってみようと決めた。

一方で、簡単にゲームなどに流れていく自分ともたたかいながらでもある。ここにも矛盾が起こるなかで自分は何を選び取っていくのか、自分の人生を見据えながらの課題との向き合いがみえる。

❸「病いとともに生き抜いた若者の『語り』から学ぶ」を読んで

「小児がん」と生きた日々を伝えることで、ある意味で人生の価値をも教えてくださった小島さん。まずは心からの感謝とあなたからのメッセージをしっかり受け継いでいくことの決意を伝えたい。「死」を意識せずにいられない病気との向かい合いは、想像しきれないものがあるが、淡々と、しかしそこに行くまでの葛藤も語りながら伝えてくれている。「私はこの三年間、とても楽しかった。普通の人があたりまえに過ごす高校三年間より充実した時間が過ごせた、と私は感じています。普通の人が経験しないような苦しみもたくさん経験しました。しかしそれをひっくるめて考えても、私はこの三年間プラスのイメージの方が勝ります。」と綴り、そこに病院内分教室という場所があり、教員、友人たちがいたからだと言い切っている。同じ病気の友だちの存在は、自分は孤独じゃないという安心感につながる。教員たちは信頼のおけるパートナー、友人だったと語り、院内学級はオアシスであり、教員たちはオアシスの水と例え、思春期・青年期にこそ必要と言う。教員たちのよかったところを七つにまとめているがいずれも大事な視点である。何度も読み返し確認してほしい。その中で私がとくに着目した項目を再度示しておく。

・人は人を変えられないことを理解している。人は自分で気づいて初めて自分で変われる。自分で変わるための種まきをしてくれている。

・同情ではなく共感。本当の意味で理解できていないことを理解している。

・一人ひとりが違う人間であることを理解している。

多様であること、対等であることを基本に据えた民主主義的人間関係が示されている。実際に、教員との日々の関係の中から実感を伴って導き出されていることに、また感動するのである。

2　あらためて青年期に大切にしたいことを考える

私が養護学校の高等部で教員をしていたとき、生き方に迷っているさまざまな青年たちと出会った。肢体不自由校で出会った青年たちは、身体が不自由なことで自分の力だけでは生活が成り立たない現実のなか、自分をうまく表現できず悩んでいた。まわりの優しい言葉かけや支援のすべてを否定したくなる自分を責めていた。また知的障がい児学校では、難しい成育史や人間関係のなかで、人を信頼することができず、途方に暮れている青年たちに出会った。向き合ってくれるおとなを心から求めているのに、向き合おうとするおとなから逃げるために暴力的行為さえ起こした。

青年たちの時に示す激しい行動や、わがままと言われてしまう場面に出会うたび、私は教員として試されていると感じていたし、言葉にもした。しかし今考えると、彼らは決して試していたわけではなかった。彼らは、その時自分の持ち合わせた力で、精いっぱい自分を表現していただけなのだ。当時至らなかった自分ではあるが、それでも彼らの激しい行動、困らせることにしかならない行動に目をそらすことなく向き合うことのなかで、彼らの「傍らに居られる教員」になっていったのだと思う。私の中では、その時の経験が、子ども・青年たちの「言葉」や「行動」から学ぶことなしに教育や支援はあり得ない、という確信になっている。今回改めて三人の青年当事者たちから届けられた「言葉」から学び、彼らの発信から青年期に大切にすべきことを考えてみたい。

❶自分の言葉で自分を振り返ることの意味

先に「青年期における振り返りは、自分をより客観視する作業なのではないだろうか」と書いたが、おとなになった青年たちと話していても感じることがある。

二三歳の自閉症の青年への聞き取りの活動に参加したときのことである。マジックペンを持って窓に走り寄っては「窓に描いちゃダメ?」と繰り返していた青年。「消えなくなっちゃうからね」と言うと「消えなくなっちゃうからダメ!」とうれしそうだった。その彼が突然、昔のことを語り始めた。小学校のときのこと。「職員室で湯飲み茶わんを割っちゃった。わざとじゃない。片付けようとしたのに先生が大きな声でさわるな! と言った。あっちへ行けと怒られた。僕は茶碗を片付けようとしただけなのに」。わざと茶碗を割ったのではないこと、壊れた茶碗を片付けようとしたこと、その時には言葉にできなかったけれど、今なら確かな自分の気持ちを表わせる。気持ちをわかってもらえなかったことに対し、静かに抗議しているかのようだった。また、こんなことも言った。「教室のベランダに線が引いてあってここから先にいくなと言われた。運動場でやっていることが見たかったけど言えなかった。ここから先にいくなって怒られた」。嫌だという気持ちをずっと抱えてきたけれど、嫌だと思うことは悪くないこと、公平にやりとりができていないことに対して、おかしいという気持ちが出てきているのではないだろうか。理不尽さへの気づきがあるのではないだろうか。

高等部の教員をしていたころ、子どもの実態に応じさまざまな「自分史」に取り組んだ。その中のある授業の一場面。落ち着きのない集団で、すぐキレる子ども、手が出る子どもが複数いて授業を安定した状況にもっていくのが難しかった。昔の話をさせると、いかに自分がワルだったかを言いたがる。「六年生から言われてよ、万引きした」など出てくると「俺なんか言われなくても万引きしたぜ」のようにへんな競い合いが出てきたりする。「スカートめくり」の話が出ると「オレも」「オレも」となった。「へー、みんなやったんだー。何？　今でももしかしたらやったりするの？　それともやりたいの？」と聞くと「やるかよ！　がきじゃあるまいし！」と口々に言う。「そうなんだ。がきじゃないってことは、少しはおとなになってきているってことか？」と私。授業の始まりの「みんなは子どもかおとなか」という問いかけに、お互いに「お前は、がき」と言い合っていた彼らが、この時、シーンとした。本当は自分はおとなと言いたいけれど、まったく自信がない。友だちを「がき」ということで自分を見ないですむ。それがお互い子ども時代をさらけ出すことで「おれたち少しおとなになってる」と認め合うことができた瞬間だったのではないだろうか。小島さんの言うところの種まきまではいかなくとも、土地を耕すことくらいはできたかもしれない、と思っている。

青年期だからこそ、言葉にできる場や人の存在は大きい。どういう場であり、どういうかかわりが大事なのかと考えるとき、小島さんの指摘する七項目は大きい。日々の実践や子どもや青年とのかかわりの振りに、考えていきたい。受け取ったバトンを手放さないようにしたい、とあらためて思う。

❷学びを求める力と希望、学びの場や仲間の保障

遠藤さんは、就労してからバイクと車の免許を取得した。後輩がバイク免許を取ったことに影響を受けたという。筆記試験が難しく、何度も挑戦したそうだ。今では職場の同僚と車で旅行をすることが何より楽しいと言う。そのために毎月貯金をし、準備するという工夫をしている。また、免許を取ったことで、昔の友

だちや教員にも積極的に会いに行っているようだ。自分の力で世界を広げており、自分への信頼が増しているようにみえる。

私の教え子でカラオケが大好きな青年がいる。高等部時代、話し言葉が不鮮明で自信がないことも影響し、書き言葉もあやしい状況であった。反面、からだを動かす感覚は高く、「体育」や「作業」では頼れる存在としておおいに力を発揮していた青年である。就労先が飲食関係でお客さんとの対応が求められ、同僚たちと毎朝声出しの練習をしていたことで、言葉が少し鮮明になった。まちがえてもごまかそうとはしなくなったと本人が言う。ある時一緒にカラオケに行った。卒業直後に行ったときには、画面に出てくる歌詞の漢字を読み上げることが私の役目だったが、その必要がなくなっていた。職場の仲間とカラオケに行くことが増え、繰り返し歌うなかで、漢字への苦手意識が薄らいでいったようだ。

興味がある、好きなことがある、挑戦したいことがあると、社会に出てからも自分からそこに向かおうとする。自分からの本来的な学びである。結果が出れば自信になるし、少し変われたと思えることで、次に向かう力になる。そこに仲間がいると、ジグザグすることも含め、広がりが出る。高等部卒業は、大事な節目であるがあくまでも通過点だ。子ども一人ひとりの中に何が耕せたのか、その後それがどう活きるのかが大事なのだと思う。それも決して直線的に考えるのではなく、である。

一方で、意識的な学びの場は大事だ。学校にいる間だけでなく、障がいのある青年・おとなたちが生活する場に生涯学習として「学び」が位置づくと、彼らもずっと生きやすくなるのではないかと思う。特に、彼らにとって今の社会に生きる一人の人として「社会」との向き合いはあたりまえであるし、重要な課題でもある、と私は考えている。障がいや病気とともに生きることが自分や家族の問題としてだけでなく、社会の問題として考える学びだ。

学校卒業後の障がいのある青年たちとの「障がい」の学びでは、「世界人権宣言」や「障がい者権利条約」を紹介した。難しい課題と思ったが話し合うなかで、さまざまな気づきがうまれた。「自分やお母さんのせいじゃない！」「もっとまわりに自分たちのような障がいのこと知ってほしい」など。何をどうやって発信すればよいのか。社会を作っている一人という視点をもちながら、考える。そこに、多様な仲間がいると、気づきが広がり深まる。

また、参議院選挙間近に「選挙」を取り上げた。日本の選挙の歴史では、金持ちや男性しか選挙できなかった時代を紹介するだけでも、大盛り上がりだった。どんな政党があり何を言っているか分類し、政策内容で興味関心のある項目を聞くと「平和」「消費税」が上がった。自分が知っていることを言葉にし、よく考える姿があった。重度障がい者が立候補していることも彼らから出てきて、このことも盛り上がった。

答えは一つではない。対等に考え合うことが大事なのだ。そのことが、一人ひとりが人間として尊重されていることにつながり、自分が居るということの意味や価値を見出すことになっていくのではないだろうか。

❸「働く」ことの意味と価値を見いだすために

私が教員になったころ、知的障がいのある子どもたちは、中学校を卒業したら就職するのがあたりまえであった。彼らが、将来生きるための最善のことであると、先輩教員たちも保護者も考えていたように思う。その後、全員就学が実現し、障がいの重い子どもたちが学校に通うようになり、考え方に幅が出てくる。私のいた学校では、「作業」から「労働」へと学習名も変わり、実践をしながら意味や価値を話し合っていった。

具体的なものづくりや、作業工程のなかで、役割や人とのかかわりなどにも着目しながらあるべき姿を考え合った。とくに障がいの重い子どもたちにとって「労働」がどうすれば意味あるものになるのか話題になっていた。さまざまな研究会や研修会に手分けして参加しながら、実践を振り返り話し合った。結論が出るわけではないが、より良くしたいという思いや学び合いは大事にしていた学校であった。

まだ作業学習が学級に位置づいていた時代の私自身の中学部（当時は中学部までしかなかった）での実践だが、もらった長い電信柱を教室に運び入れ「釘打ち」をしたことがある。何かを作る活動ではない。釘を打つだけである。なぜか子どもたちは喜び、登校すると我先にと釘打ちが始まる。休み時間もやりたがる。授業の目的も意味も私自身今一つあいまいであったが、子どもにとっては楽しい時間だった。始まりと終わりがわかりやすく、釘打ちの音が心地よく、まっすぐ入ったときのうれしさといったらないようだった。あまりに楽しそうな彼らを見て、やめることができなくなった。こんな行き当たりばったりの実践であるが、好きなことに夢中になって進めようとするとき、必ず友だちとのぶつかりが生まれ、なんとかお互いに修正しようとする。音がうるさいと隣のクラスから言われると、子どもたちが拙い言葉でルールづくりを始めるなど、予測もしなかった収穫があった実践でもある。

久しぶり、一五年後に赴任した知的障がい児学校高等部では「作業」という授業が教育課程に位置づいていた。そこでは「作業」学習の見直しが始まり、私も一委員として話し合いの原案つくりに参加した。「作業」学習の目的、子どもたちにとっての意味、学習内容など、二年に及んで検討された。目的は、（考え、工夫する力）（人と協働する力）（材料、道具を使える力）とし、「作業」学習を職業に直結するものとはせず、人間教育全般の中身として押さえたと記憶している。そのころ、一方で「進路」学習が位置づけられており、おとなになりゆくことの意味や、さまざまな職業・作業所など実際の見学も含め、どんな仕事が、何のためにあるのかなど学んでいた。先ほど触れた「自分史」もこの授業で取り組んだこともあった。

遠藤さんは、仕事のやりがいを感じているという。まわりから頼りにされ、自分がまかせられているということに誇りも感じている。経済的な面でも自分で「稼いでいる」ことが、自信となっているような気がする。ここまで原稿を書き上げた後、遠藤さんが職場をやめたという連絡が入った。驚くことではない、それもありだ。一七年間働き続けたことの意味が、これからの人生にどう活きるのか。また教えてほしい。

れんさんは、経済的な自立も考えなくはないけれど、今はやりたいことを追求したいと言う。

小島さんは、がんとの厳しい向き合いのなかで、人生は一本道ではないこと、はずれているからって悪いことじゃないと気づいたという。そのことの意味は深い。

働く卒業生のその後を追うと、厳しい現状にたくさん出会う。一緒に働く人がすぐに入れ変わる。勤めはじめには障がいに対し理解ある人がいたが、人が変わるたび理不尽なことを言われるようになったと、よく聞く。また、上司でさえ非正規社員という実態は増えている。業績が悪化すると、現場には入っていないさらに上の正規社員から強い指導が入る。現場で障がいのある人への当たりが強くなるというのも、よくある話である。一方で、職場の仲間と「女子会」をつくり、愚痴を聞いてもらい、時には仲間の助け合いなどもしながら働き続けている卒業生もいる。本来働く場には、仕事そのものを発展させていくための学びはもちろんだが、より人間らしく生きていくための人との関係性や協働性、社会との向き合い方などさまざまな学びがあってほしいと願う。社会全体の働く環境が良い状況になっていないなか、障がいの有無にかかわらず、賃金のことも含め非人間的な扱いが問題にされるのは当然だ。

最近、障がい当事者の労働組合立ち上げの話を聞いた。大事な取り組みだと思う。「人の役に立つこと」や「仕事が楽しい、できるようになった」ことの喜びも大事にしつつ、社会として考えていかねばならないことについて、眼をそらさないようにしたい。これもまた生涯学習の中に位置づけ、障がいのある人たちとともに体験を交流し考え合える場が必要なのだと思う。

最後に、私たちに考える機会を作ってくださった、遠藤さん、れんさん、小島さんの三人の当事者青年たちに、改めて感謝を申し上げます。

第2章

社会に参加し、自己を表現する若者たち

1

障がい者アートからの贈り物
――アートの世界を広げ深めるもの

私は特別支援学校に美術の教員として二五年間勤務した後、フリーで障がいをもった方々のアート表現にかかわる活動をしている。同時に画家としての活動も行なっている。障がいをもった方々が、学校を卒業すると、学習や芸術の表現活動を楽しむ機会が減ってしまうのが残念だった。そこでアート活動の場を保障し支援していきたいと考えた。障がい者の入所・通所施設でのアート活動や放課後デイサービスでの活動、障がい者の親のグループの活動、個人のアートの相談、介護老人の活動支援、支援者や介護者を対象としたアート活動、地域と連携した展示活動や障がい者施設の製品の販売支援など、さまざまな形での支援活動を行なっている。活動の場を必要に応じて変化させながら、参加する方々の生活が楽しく豊かなものになればと思っている。本稿では、これらのアート活動の場で出会った表現者と作品を紹介する。

支援することは、自分自身の表現活動の立ち位置をとらえ直すことでもあり、「表現とは何か」をつねに考え直すことでもある。またアートの活動は、当事者だけではなく支援する側も含めて皆で活動を楽しむことができ、豊かな日常生活に直結するものだと思う。

私のまわりには、表現せずにはいられない人たちがいた。表現された作品は、生きる印だった。描かずにいられない人たちは本当のアーティスト。言葉にならない「言葉」のような表現を読み取って、大切にしていきたい。その表現が埋もれてしまわないように、翻訳したりまわりに伝えたりしていくことが必要だと思う。「障がい」と呼ばれていることに深い意味や未知の部分があり、それを知ることで世界がさらに広がる。「障がい者の」と呼ばれるアートをとらえ直すことは、アート全体をとらえなおすことでもある。

1　展覧会の真ん中に現われた修さん

かつては実家の近くで就職し車も運転していた修さん（仮名）。体調が悪くなって入退院をくりかえし、離職して、現在は通所施設で軽作業に従事している。退院後などで作業に従事できないときにアート活動に参加するようになった。

「絵なんか描いたことがないから」と最初は消極的だった。「絵の具も小学校以来使ったことがないから」と言っていたわりには、扱いはスムーズだった。作品がだいたい仕上がったと自分で判断すると、すーっと消えた。探すと、喫煙所で「一日三本の約束だから」と言いつつ、美味しそうに吸っていた。

アートの活動も回を重ねるごとに楽しみにしてくれるようになった。「北村先生のアートはまだけ？」とスタッフに聞いてくれていたとのこと。制作が終わると「楽しかったよ」と、恥ずかしそうに言ってくれた笑顔が忘れられない。絵を描きながら、「下手だから」と言いつつ、昔はこんなこともあったとも話してくれた。就職をして、車も運転し、お給料も自由に使っていたと、得意そうな笑顔で教えてくれた修さん。一番華やかだった時代なのだろうか。

「絵を描いたことない」「下手だから」と言って、画面の隅に小さく描いてすぐに「終わり」と言っていた修さんであったが、徐々に色数が増え、独特の形と不思議な空間のある絵のスタイルができてきた。お正月のテーマの絵ではお餅や独楽がでてきて、楽しかった時代が絵に表現されているようだった。花を見て描いていても、思いがけない色と形の作品になった。レトロな懐かしいような修さん独特の色彩と形だった。

入退院を繰り返していた修さんは突然亡くなってしまった。作品集を親族にお渡ししたかったのだが、ご事情がおありだったのだろう、「処分してください」と言われた。

修さんが亡くなってから展覧会があり、同じアトリエで描いていた内藤誠さんの作品が美術館に展示されることになった。その作品の中に修さんの肖像画が含まれていた。友達として描かれた修さんの姿が、作品群の真ん中に展示されていた。その絵のモデルが修さんだと言い出した友人。モデルが修さんだと知らずに展示したのだった。

「ここが、美術館け？」と修さんが現われたような気がした。

「絵なんか描いたことはないから」と恥ずかしそうに、でも真剣に描いてい

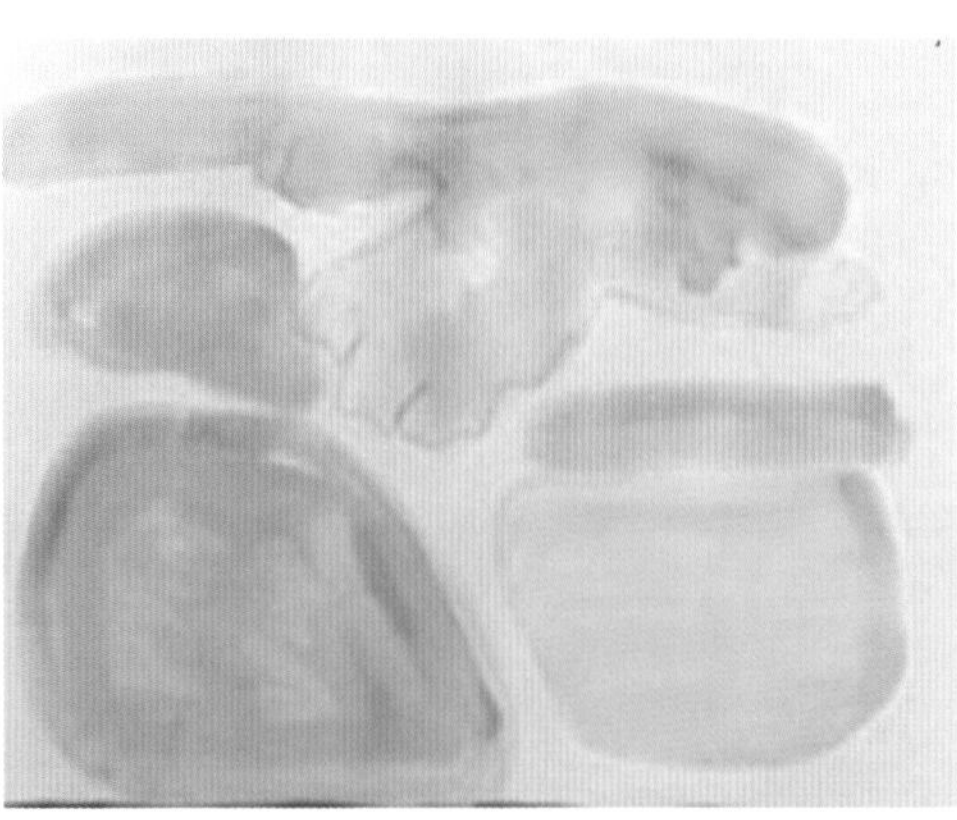

修「春」水彩

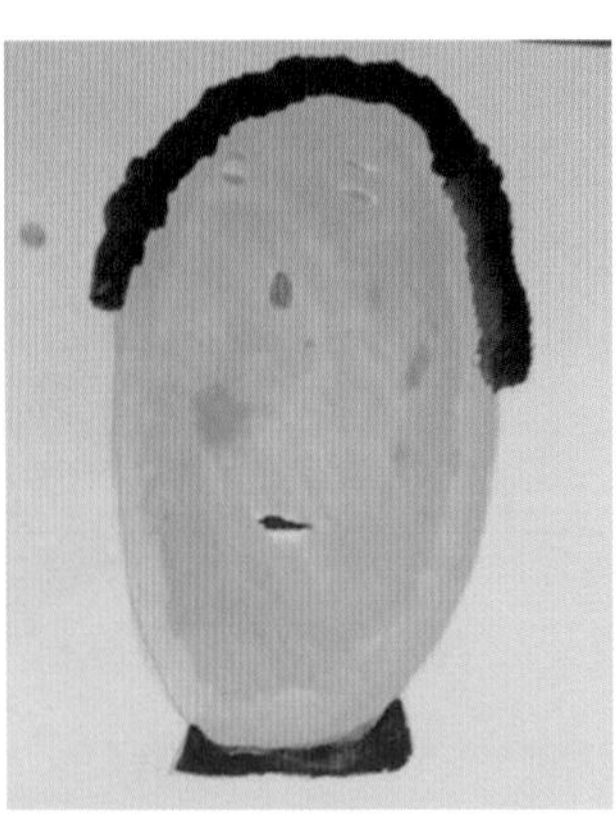

修「自画像」水彩

た姿と、自分の作品について訥々《とつとつ》と語る修さんの姿が忽然と現われたようだった。

アートを通じて「楽しい」経験ができたことを忘れてはいけない。アートの力をあなどってはいけない。過信してもいけない。深いところでつながることができるアートの力を信じたい。

2 輪郭線が魅力的な昭宏さんの作品

堀内昭宏さんは生活介護の施設で自由に絵を描いている。上下肢にマヒがあるため車椅子を使い、簡単なコミュニケーションはできる。いつもニコニコと笑顔で素直な昭さんは人気者である。

手に力が入るので、線を描くと太い重なった線になり、それが魅力的だ。

学校時代に校庭の樹を描いていて、枝を赤で塗った。どうして赤なのかと不思議に思って聞くと、そう見えるとのこと。近寄ってみると確かに赤い枝だった。昭さんは近寄って確かめることはできないのに赤が見えたそうだ。独特の色彩センスがある。

内藤誠「修さんの肖像」水彩・画用紙

昭さんは、描くときに、自分が見えるとおりに配置を変えたり、色も変えたりしてしまうなど独自の作品世界を展開している。実際に、本人にはそのように見えているのかもしれない。独特の色づかいと、太い輪郭線が魅力的である。近眼の棟方志功の版画と共通する何かがありそうである。鮮やかな色の対比と太い輪郭線は本人にとって普通の見え方なのかもしれない。

反抗をしたことのなかった昭さんが父親と大喧嘩になり、そのあとに描いた作品に「壺」がある。左の壺から真っ赤な血のようなものが流れだしている構図で、心境がそのまま表われていていてびっくりした。絵の強い赤の色と流れ出す血が激しい怒りを伝えている。父親はその絵を見て絶句したそうだ。母親が寝室に飾ったら、父親が外したそうである。

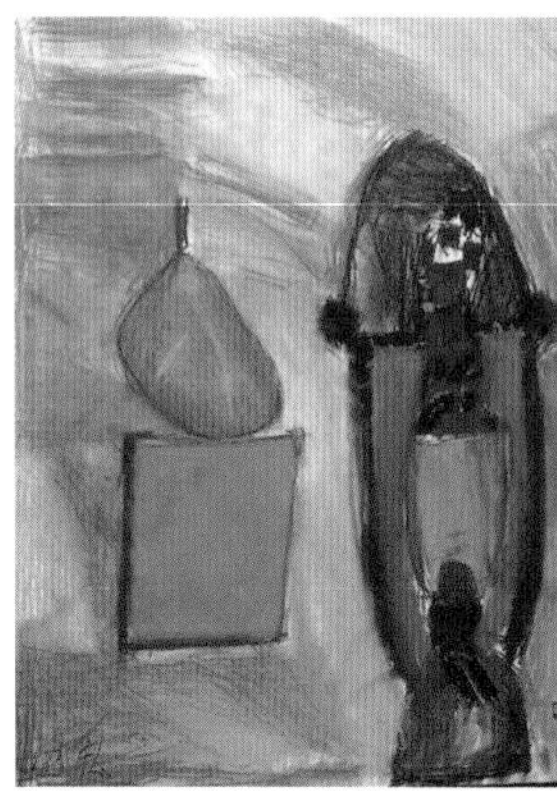
昭宏「ランプ」パステル・水彩紙

昭宏「壺」オイルパステル・水彩紙

昭宏「静物」木炭

昭宏「フラワースタンドの花」木炭・オイルパステル

昭さんの絵は言葉でもない、絵になる以前の、混沌としたものがそのまま伝わってくる。アートには、ダイレクトに伝える力がある。言葉がなくてもコミュニケーションできるアートの力がある。それがアートの凄さ、力だろう。伝わってくるもの、伝えようとするものをそのまま認め、大切にしていきたい。

画集を出したり、個展を開いたり、毎年公募展に出品するなど、昭宏さんが継続して制作ができていることは幸いである。制作を続けていくには、作品を認め、制作に対する理解と支援が大切である。また、保護者や、まわりの人の支援なくしては、作品制作の継続は難しい。昭さんにとって、作品は自分の表現であるとともに、コミュニケーションの手段の一部でもある。

3　堂々と描く正登さん

日中は福祉事業所で過ごす功刀正登さん。言葉は理解しているが発話はごく少ない。四年前はなかなか着席できず、絵を描くことにも関心がなかった。落ち着きがなく、隣の人に手を出したり喧嘩になったりしていた。

今、正登さんは自分の好きな場所があり、席を選んで座り、絵を静かに描いている。好きな画材を選んで、画用紙にゆっくりと形を描く。画題の栗に直接絵の具をつけたりもしているがアートの時間を楽しんでいる。作品発表の時は、全作品の中から自分のものを見つけ、得意げに手をあげたり、ほほ笑んだりし

正登「栗」アクリル絵の具

ている。出来上がった自分の作品を見向きもしなかった四年前と比べると大きな変化である。自分の作品に自信をもち始め、出来上がったときの得意そうな表情が眩しい。自分の作品について表情で身ぶりで語り始めることも増えた。

どの人にとってもアートは楽しい時間である。みんなと活動できることや作品を認めてもらえることは、自信を深め、落ち着いて活動ができることにつながった。自己肯定感をもち、仲間を認める余裕ができた正登さんと一緒に過ごすアートの時間は幸せなひとときである。アートがコミュニケーション力と生きる力を育てることを再認識できた。

4　おしゃれなファッションの真紀さん

植松真紀さんは、グループホームで生活し、通所施設で軽作業に従事している。おとなっぽいロングドレスやきれいな色の組み合わせのファッションが素敵な真紀さん。だからなのか、絵の色の組み合わせもカラフルでおしゃれ。作業の時間のおやつ作りのクッキーの型抜も得意で、きちんと形を揃えながら次つぎと作ることに没頭する。絵本を読むことも好きできれいな声で感情を込めて読み、聞いて

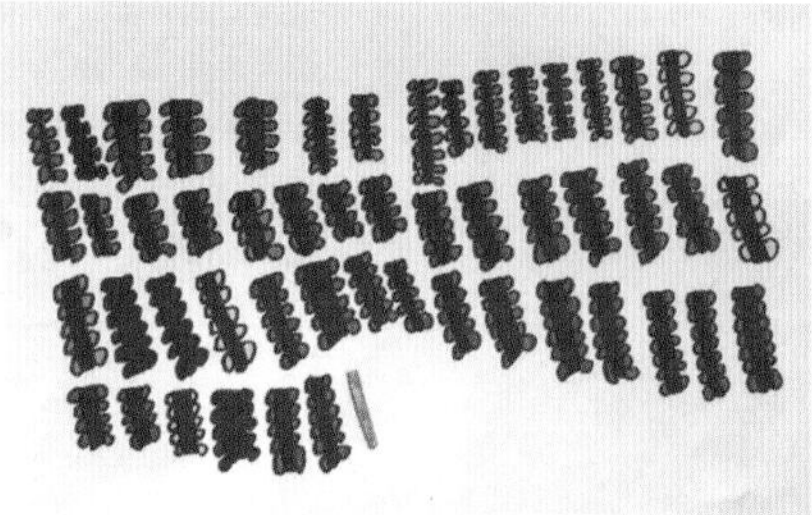

真紀「ねこやなぎ」サインペン

真紀「花」スチレン版画

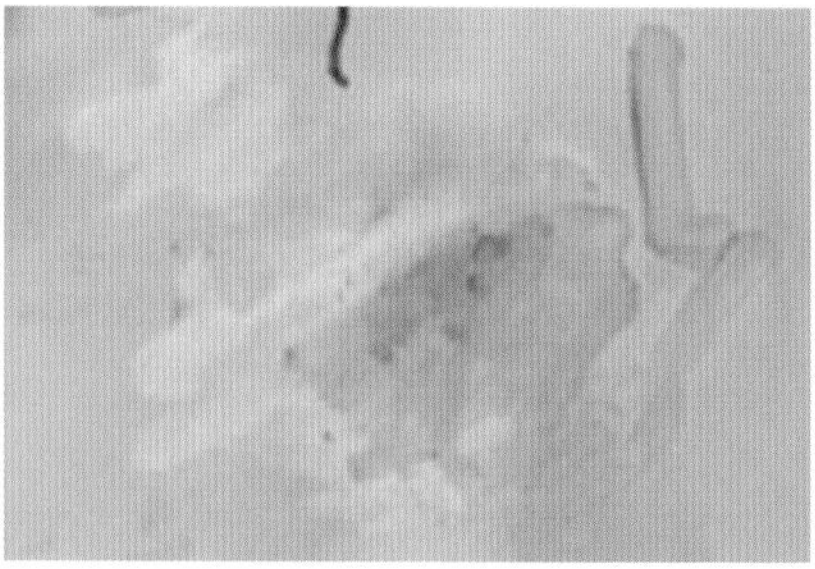

正登「菖蒲」アクリル絵の具

いるとストーリーを変えたり付け加えたりもしている。

作品には真紀さんの日頃の様子が、色や形に現われている。

アートの制作では、形のとらえ方や、配置や色が独特。花などの題材をもとにして描いても、真紀さん独自の見方と感じたことが描かれている。興味ある形や色が強調され、単純化され繰り返し描かれる。かわいい几帳面な小さな形が並ぶ。形のとらえ方や配置が独特で、センスの良い作品に仕上げる。粘土は大好きで、色を混ぜたり、小さな細かな形のものを集中して制作したりできる。

文字が同時に描かれていることも多い。絵とともに文字も言葉も描きこまれて一体になった作品もある。絵も言葉も文字も混然とした世界が真紀さんの世界。すべてが同時に描きこまれていて、真紀さんのお話も聞こえてくるようだ。絵も文字もすべてが、真紀さんの表わしたいこと、伝えたいことなのだろう。書画同一というべきか、すべてが未分化な世界。文字と言葉と絵などが分離していない世界、文学・美術・演劇など混然一体となった世界が真紀さんの

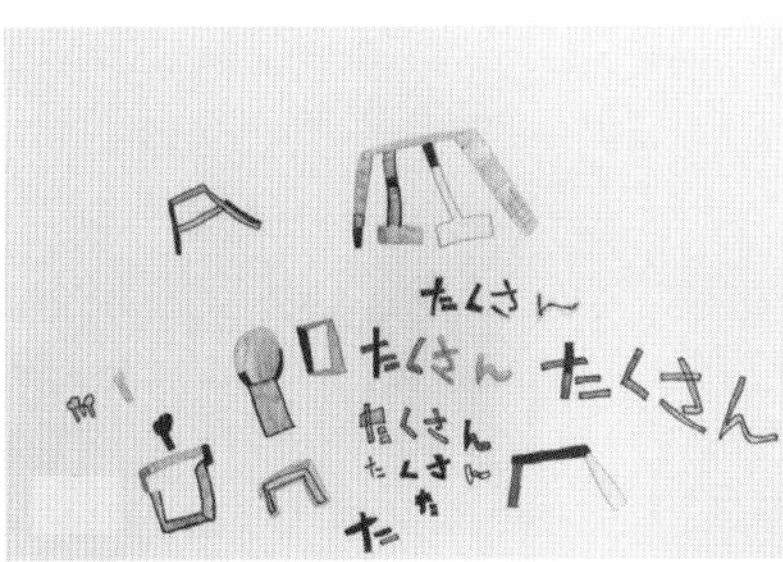

真紀「たくさんたくさん」色鉛筆

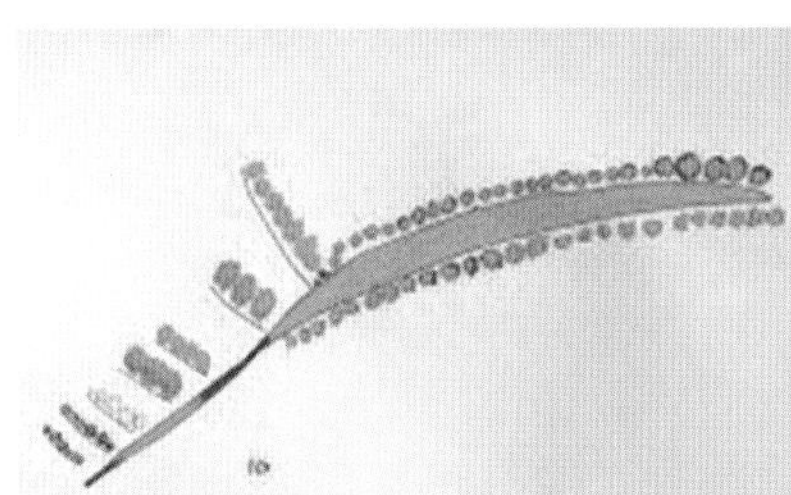

真紀「桃の花」水彩

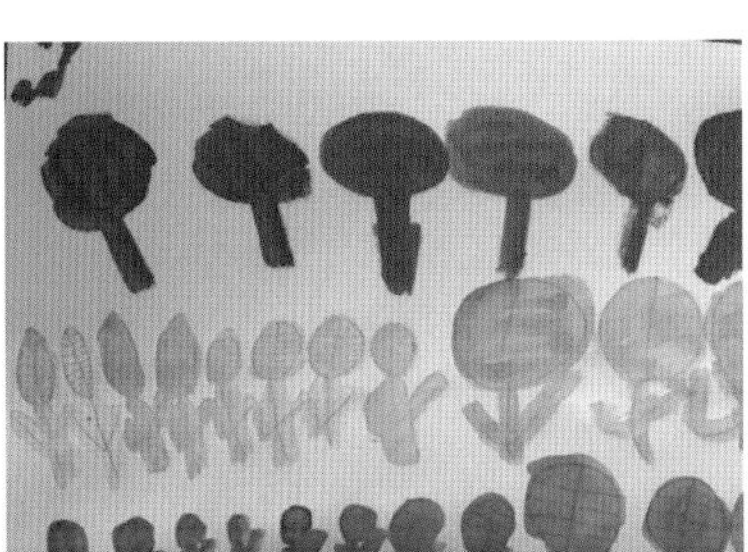

真紀「花」水彩

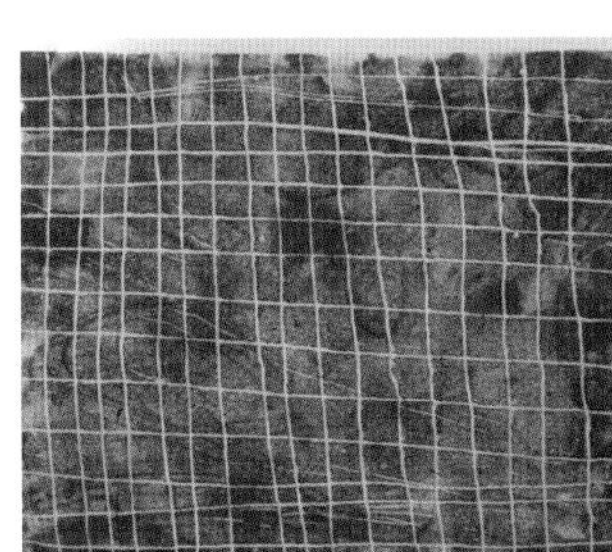

真紀「草」スチレン版画

ワールドと言えるのかもしれない。

体調が不安定な時には他の人に手が出たりもするので、個室にこもっていたりすることもある。友達の顔を描く題材の時に、不安定で入室できないことがあった。描くのは嫌だとのこと。そこでモデルとして座ってもらうことにした。モデルとして自分が描かれることはうれしいようであった。皆の作品が出来上がると、早く見たいと催促。作品鑑賞では、描かれた自分を見て「うれしい」と言っていた。体調が悪くても、描かなくても、皆と活動に参加できたことがうれしかったようだ。他のメンバーも、真紀さんが一緒に制作に参加できたことを喜んでいた。アートの「場」を通じて、共感や自分の思いを伝えられるという自信につながったようである。

5　おしゃべり上手な文さん

元気に挨拶をして入ってきた文さん（仮名）。肢体不自由支援学校を昨年卒業し、通所施設に通っている。明るい性格とおしゃべりでみんなの人気者である。左手と下肢にマヒがあるが工夫して日常生活はこなしている。施設では作業とアート活動を行なっている。ゆとりのある時間の流れなので、動きがゆっくりの文さんには向いているようだ。

学校の時間割りどおりの生活では、車椅子での移動に時

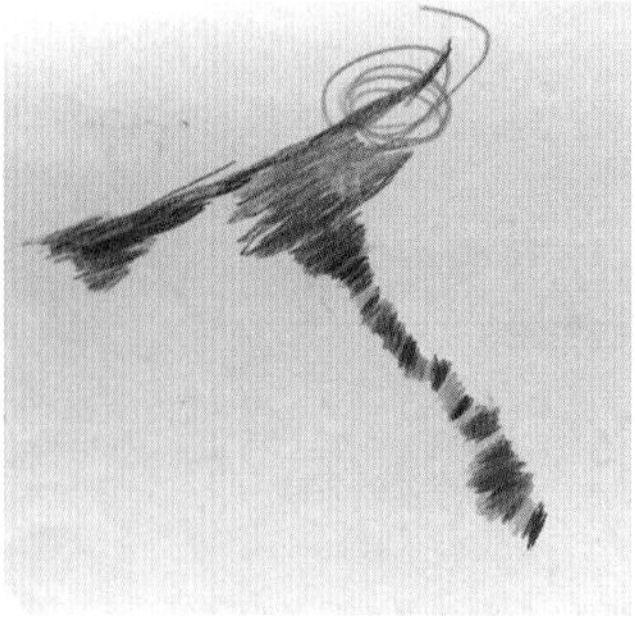
文「無題Ⅰ」色鉛筆

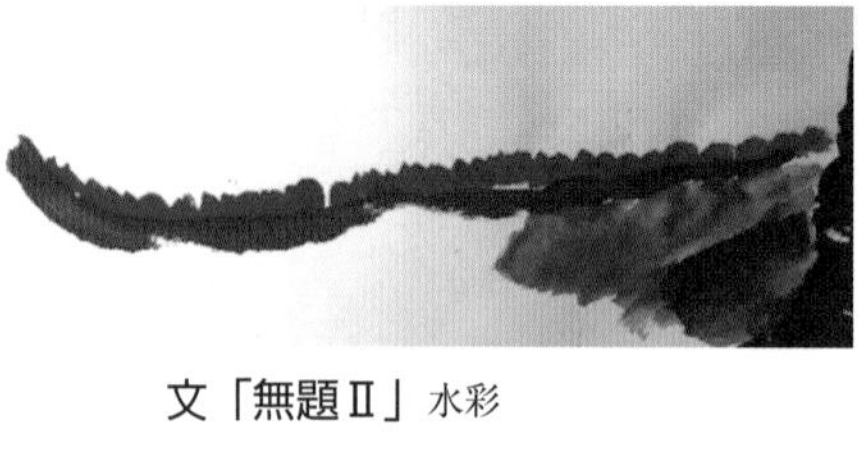
文「無題Ⅱ」水彩

間がかかっていた。施設での午前と午後のゆったりした区切りは、本人にとってよかったようである。いろんな人の名前をすぐに憶えて話しかけたり、人と話したりするのが得意である。

アート活動では、最初は自信なげに大きな画面に小さく描いて「おしまい」にしていた。もう少し描くように言うと、「どうすればいいですか？」とすぐに聞いてくる。「これでいいですか？」と確認することも多かった。

描くことに慣れてくると、だんだん描く面積が広くなり、「これで、いいですか？」と聞いてくることが少なくなった。自分で色を選んだり色を混ぜたり、試したりするようになり徐々に色の幅も広がってきた。

さらに、対象とは違ういろいろな色を使うようになり、その組み合わせが暗い色の組み合わせから明るい楽しげな色の組み合わせに変化した。回を重ねるごとに楽しそうに集中する時間

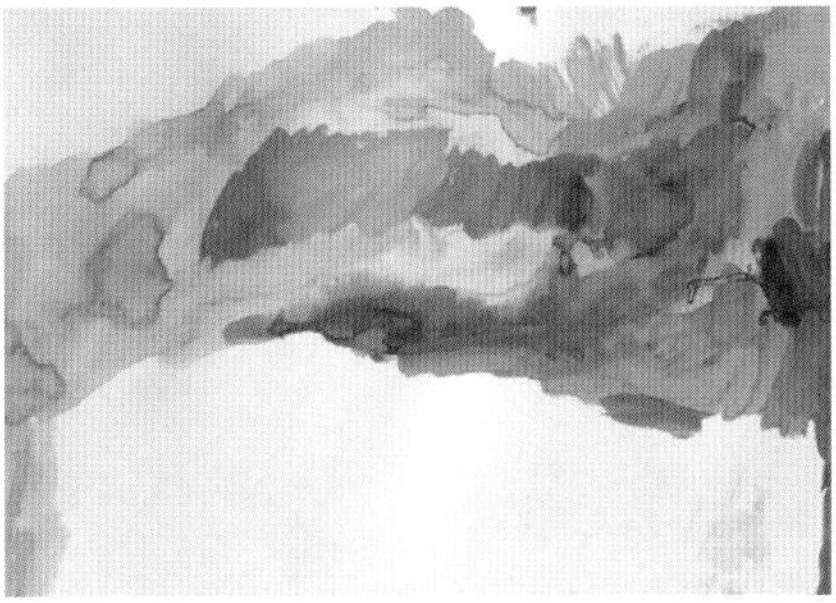

文「花Ⅰ」水彩

文「花Ⅲ」水彩

文「花Ⅱ」水彩

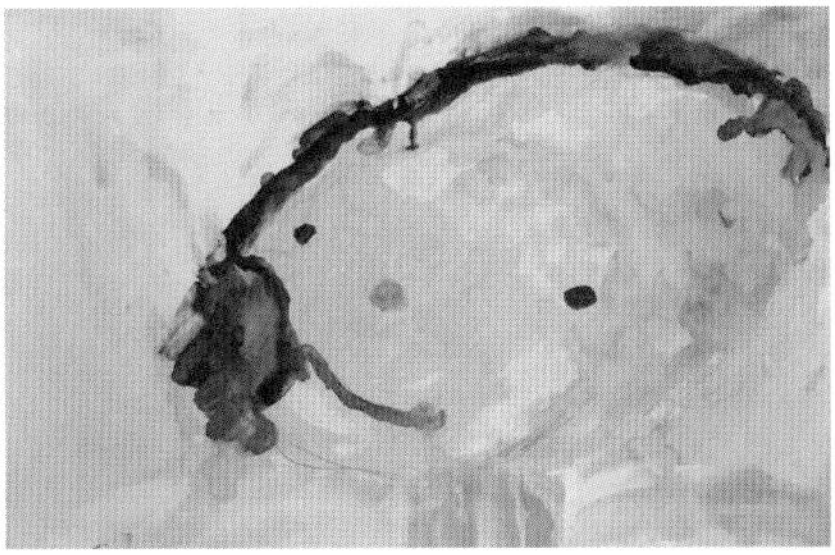

文「自画像」水彩

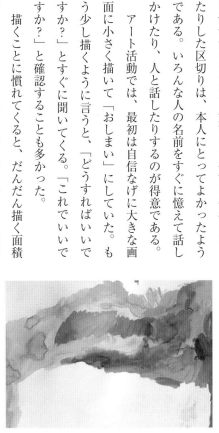

も長くなり、画面全体に描くようになった。しだいに、画面全体を描き切るまで終わろうとしなくなった。皆が描き終わっても、「まだ描いていて、いいですか?」と確認するほど集中する時間がのびてきている。

指示を待つことから、人に確認をもとめずに自分で考えて自分の思うように描くようになってきている。また、行動全般にも自信をもって行動することが増えた。施設のゆったりした生活時間やアートでの自信が文さんの積極的な生活へとつながっているようだ。

6 几帳面な雄さん

築野雄さんは自宅から通所施設に通っている。風や雷が嫌いで、風が吹いていると暑くても窓を閉めまくり、カーテンも閉めてしまう。気になる女子がいると気になって仕方がなく、手が出て、泣かしてしまう。徹底しているというか、こだわりが強いというか。気に入らないといつのまにか部屋から出て行ってしまうが、興味をもつと制作に集中する。画材は油性マーカーが大好きで紙の裏にしみ込むほど太く描いていた。顔や気になるもの、文字などの輪郭を何度も強調して力強く描いた。

やがて、絵の具や鉛筆など画材の幅がしだいに広がり、題材も広がると、描き方も変わり、空間や重なりも意識して描くようになっ

雄「作品たち」油性マジック・紙

た。アート活動の時間は落ち着いて過ごしているが、席の配置には配慮が必要である。それでも、楽しそうに笑顔で描いていることが多い。不安定な時は、描き終わると出て行って、一人で静かにできる場所で過ごすなど自分で気持ちをコントロールしている。仲間が騒いでいるときにも出ていくことがあるが戻ってこられる。

雄さんの描く花々からは、優しい気持ちと静かになった心の世界が伝わってくる。静かで繊細な勉さんの世界をたくさん描けるように、環境や機会を提供していきたい。

人間のもつ原始的なアートの遺伝子は侮れない。すべての人には描きたいという欲求や、すばらしいもの、美を感じる遺伝子がある。遺伝子がアートを必要としている。

ラスコーの壁画や、幼児のなぐり描きに現われてくるもの。それは美しいものを求める遺伝子で

雄「唐辛子」水彩

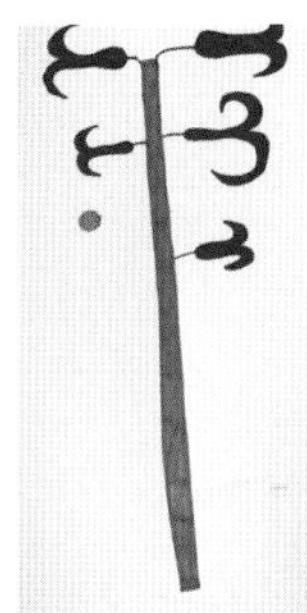
雄「花Ⅰ」水彩絵の具

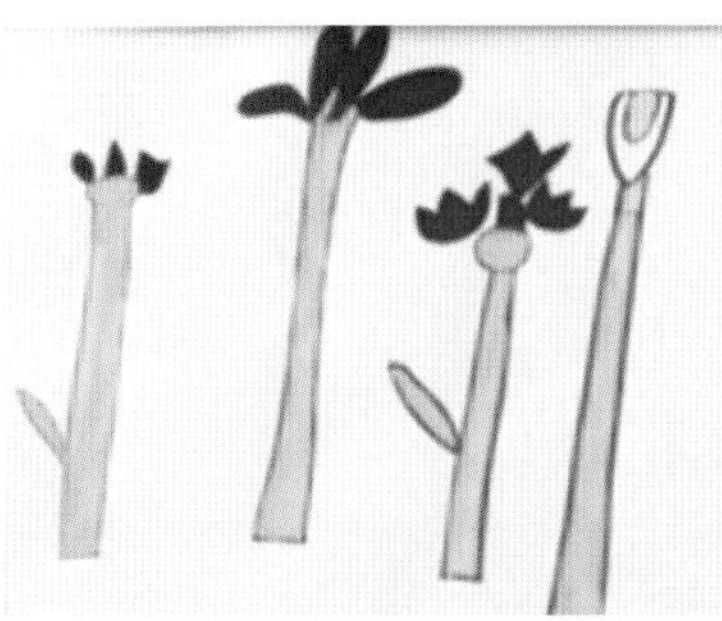
雄「菖蒲」水彩

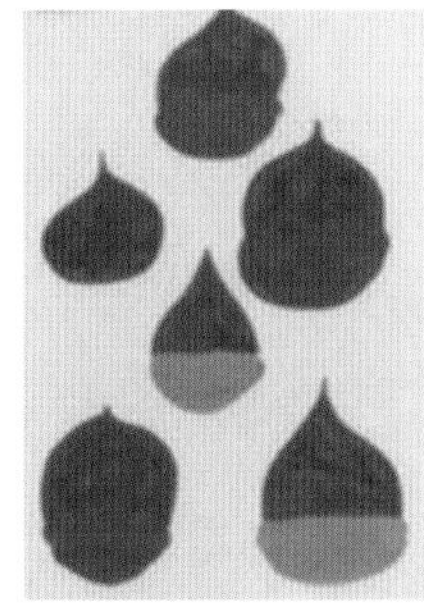
雄「栗」水彩

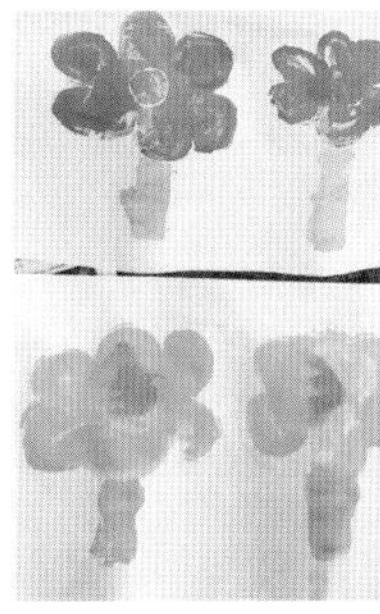
雄「花Ⅱ」スチレン版画

雄「うちわ」ポスターカラー

ある。全人類がアートを必要とする遺伝子を持っている。表現欲求は幼少期からあり、クレヨンを持てるようになるとなぐり描きが始まることは、それを証明している。パニックを起こしていても描き始めると集中し静かになる。

描き、作ることで自分自身を癒し落ち着くことができることを知っているのだ。アートで自己治療しているといえるかもしれない。アートは言葉でも説明でもなく、ストレートに感動が伝わるもの。そのような、いつでもアートに浸れ、ぐんぐん成長していける寒天培地のような栄養豊かな「場」を提供していけたらと思っている。

最後に本実践のアートのアトリエ活動への八ヶ岳名水会の御協力に感謝する。

2 心ゆれるヘアメイク教室
——肢体に障がいのある女子青年の自分つくり

1 私たちだっておしゃれしたい

「まさか私たちがヘアメイクしたいと思っているなんて……まわりの人は気づいていないよね」

肢体に障がいのある青年たちから呟かれる言葉。彼女たちは日常的に身体介助が必要であり、支援者に何かをお願いすることが多い。そんな彼女たちは、支援者が忙しくしていないかタイミングを考え、ときには声をかけることすら躊躇することがあるという。

私は、一九九四年から美容師の仕事をしている。障がいのあるお客さんとの出会いで、「障がいがある人の中にはおしゃれが自由にできない人もいる」ということを知り、二〇〇七年からはさまざまな障がいのある青年たちと「おしゃれ教室」「ヘアメイク教室」等の活動を続けている。

❶自由におしゃれをする権利

ヘアメイク教室では誰にも相談できなかった思いが次つぎと出てくる。髪型の決め方をみんなで情報交換したとき、丸刈りの男性は「髪型は職員さんが決める。いままで髪型を自分で選んでいいのか知らなかった。今度は職員さんに相談してみたい」と述べた。前髪が極端に短く、子どものような髪型をしている女性は「髪を伸ばしたいけど……いつもお母さんにこの髪型にされる。私も違う髪型をしてみたい」と泣きながら話してくれた。

ヘアメイク教室のたびに、「ほんとうは憧れの髪型があり、好きな髪型にしたいけど、伝えることができずに自由におしゃれができない」仲間たちにたくさん出会ってきた。施設や学校などの関係者に相談してみると、「障がいのある子がヘアやメイクを覚えると派手になりすぎる、加減がわからない子たちだからね」「支援者もしてないから……」「おしゃれをしなくても生きていける」「手間がかかる」と、さんざんな言葉が返ってきた。だれもが自由におしゃれすることがそんなに難しいことなのか？　美容師だから私の考えがズレているのか？　初めて聞く支援者からの言葉に正直驚いた。

それでも、おしゃれ教室やヘアメイク教室を重ねていくうちに、「ほんとはおしゃれしたかったんだね」「おしゃれは権利だね」と、「障がいのある人のおしゃれについてのとらえ方」が変化する支援者にも出会うことができた。

❷おしゃれは自分つくりのプロセスのひとつ

ヘアメイクはリップの色を変えるだけでも、顔の印象が変わり、眉毛の描き方によっても優しさや強さが表現できる。しかしヘアメイクだけで人の印象がすべて決まるわけではない。その人のいろいろな要素と印象が重なり合い、その人らしさが表現できると思われる。ヘアメイクやおしゃれは派手に着飾るためのものだけではなく、子どもからおとなへの成長とともに自己を表現する手段のひとつとして意味があると言えよう。

こころとからだが大きく変化する思春期は「仲間と同じ安心感」を求め、他者との違いがあるからこそ違いに不安を抱える時期でもある。思春期から青年期のヘアメイクやおしゃれは「どんな自分になりたいか」と試行錯誤する「自分つくりのプロセス」でもあるといえる。

肢体に障がいのある女子青年たちの場合も同じなのであろうか。彼女たちは日常的に身体介助が必要であり、一緒に暮らす母親に介助のほとんどを委ねている。その生活の中で「なりたい自分を想像し、なりたい自分に近づくために自分の思い」を伝え生活しているのだろうか。生活の多くの時間を一緒に過ごす母親から身体的にも心理的にも距離をとることが難しい彼女たちが、ヘアメイクやおしゃれをきっかけにどんなプロセスで自分らしさ、自分つくりを重ねていくのだろうか。

2　肢体に障がいのある仲間との出会い

肢体に障がいのある女子青年と二〇一七年の春から二か月に一度、サークル活動を一緒に行なっている。メンバーは二〇代前半の女性四名と五〇代の女性一名。活動内容は映画の鑑賞会や障がいについて、これまでのこと、これからのことなどをじっくり話し合っている。ときには外出をし、大学のゲストスピーカーとして話し、学生と交流をしたり、学習会に参加し、障がい種別を越えいろんな立場の仲間とも話し合う機会もある。

初めて彼女らに会い話をしたとき、彼女らは日常的にさまざまなことをあきらめることが多いためか、「あきらめ」を受け入れるしかない状況に困惑する様子も薄れているようだった。彼女たちからは口ぐちに「介助者に遠慮してメイクしてほしいなんて言えない」「身体介助をしてもらうときに介助者の洋服が汚れるからメイクはできない」「リハビリで枕が汚れると悪いからね」と、おしゃれを我慢しているエピソードがどんどん出てきた。おしゃれすることさえ制限されながら日々を過ごしている彼女たちに、私も手探り状態でヘアメイクの体験時間を作り、ヘアメイク座談会を企画し、インタビューを重ねた。彼女たちは想像以上にまわりに気を使い、自分の思いを抑えていた。

私は、彼女たちの姿に「なぜ自分の意見を抑えて、あきらめるのか」疑問を抱いた。その後、サークルの会を重ね、彼女らの話を聞くことで、「自分の思いを抑え、あきらめること」はまわりの介助者と物事をスムーズに進めるための彼女たちの術なのかもしれないと思った。それでも、彼女たちと話しをしていると、時々ポロッと出てくる「思い」を聞くことができた。彼女たちはまわりからの影響を受け、あこがれを抱き「自分のおしゃれについて」語り合うことで、自分たちの思いを叶えるために少しずつ動きはじめた。

❶彼女たちが自分でヘアメイクをするということは

私は彼女たちがおしゃれに興味もあり、好きなことには気がついていたが、手に不自由さのある彼女たちと実際へアメイク教室をどのように進めていいのかは想像がつかなかった。

脳性麻痺の障がいのある亜実さんが高校の時のうれしかったエピソードを話してくれたことがある。「縫物を私に経験させてくれた先生がいた。授業で縫物をしてみたいと言ったら、針は自分で持てないけど、どこを縫うか伝え、指で針を押して先生と一緒に針を進めた。縫物なんて自分でできないと思ってたけど……私にとっての縫物をはじめて体験できたのは本当にうれしかった」。私はこの話をヒントに、手に不自由さがあり自分でメイクをしなくても、「どんなことをどんなふうにしたいか」自分の思いを伝えられるようになることが大切だと教えてもらった。

❷肢体に障がいのある青年たちが自分を表現すること

自分らしさはヘアメイクやおしゃれをとおしてその枠を広げることができる。多くの若者はさまざまなおしゃれの体験を繰り返し、ヘアメイクでキャラを変え、時と場所によって自分をどう見せるか調整している。そして青年期は社会との接点も増え、さまざまな自分を見せる場も広がる。

誰もが「好きなように自由におしゃれできる」と思われがちだが、肢体に障がいのある彼女たちの語りから、彼女たちがおかれている現状では、おしゃれは思うようにできていないことがわかる。肢体に障がいのある人の日常は何をするにも身体介助が必要となり、その担い手は母親や施設職員に頼らざるを得ない。身体介助は一対一か一対二の対応が求められ、サポートする側にも負担は大きい。

日頃の生活のなかで介助者からは「障がい者は安全に生きていればいい」という声もよく聞かれる。「安全」は確かに大切なことだが、本当にそれだけで豊かな生活ができるのか。彼女たちも、そう希望しているのだろうか。

初めて彼女らに会ったとき、髪を振り乱しながら彼女たちの介助をする母親の姿が印象的だった。構音障がいのある彼女たちの言葉は少なく、母親が彼女たちに問いかけ、彼女たちはそれに対し頷いて答える「会話」がめだった。彼女たちが話をしても母親の声のほうが大きく、いつのまにか支援者と母親が話をしている。母親らもこの状況については自覚しているが、「言語障がいがあると相手に伝わりづらいから……つい代わりに話してしまう。まわりに迷惑がかからないようにしないとね」と申し訳なさそうに話してくれた。このように彼女たちが自分で話し、思いを表現することは容易ではないことが母親の話からも伝わってきた。

❸自分もここちよい存在

ヘアメイクでは肌や髪の手入れも重要視している。ヘアメイクは見栄えを求めるものと思われがちだが、肌や髪の手入れは、自分で行なうケアによって気持ちよさを感じたり、肌や髪の変化を実感する効果もある。しかし、彼女たちは、「自分の髪や顔をケアすることまで考えて手入れする時間はあまりなかった」と話していた。

私はヘアメイク教室の参加者が「気持ちがいい」、「ここちいい」と感じる体験を大切にしている。自分のここちよさを感じるひとつに顔のパックがある。彼女たちは、「パックシートをみんなで一緒にできたらいい」と言い、他の仲間の分も準備していた。一人ひとりが、使ってみたいパックシート、お土産でもらったけど、今まで使う機会がなかったパックシートを見せ合い、パックの効能、香りを確認し合うなど、選ぶ段階でとても盛り上がった。実際、パックシートを顔にのせると、彼女たちはいっそう盛り上がっていった。パックを外すと「こんなにもちもちの肌初めて」と口をそろえ、お互いの肌を確かめ合いながら、笑いが止まらないくらいだった。

3　動きはじめた彼女たち

❶みんなと同じメイクをしたいギャップに戸惑う

莉緒さんは特別支援学校の高等部を卒業後、大学に進学しデザイン関係の学部に入学した。莉緒さんに当時の学生の印象を聞くと、「デザイン系なのでおしゃれな学生が多く、目も大きくメイクしていて、かわいくてみんなキラキラしていた」と述べてくれた。同時に、「自分も毎日みんなと同じようにおしゃれをしなくては……」とプレッシャーを感じ、ヘアメイクの楽しさよりも義務感のほうが大きくなってしまったとも言う。おしゃれが好きだった莉緒さんなのに、おしゃれを負担に感じるようになってしまったようだ。

莉緒さんは細かい作業の多いフルメイクをするのに一時間かかる。さらに髪型を整えるとなると何時間かかるかわからない。このころは母親も「かわいいヘアをしてあげられない自分に歯がゆさを感じた」と話しており、思うように髪型を作ってもらえない莉緒さんは自分ではどうにもできないもどかしさと、「みんなと違う自分、できない自分」に思い悩み、精神的にも追いつめられ不登校になった。このころのことを莉緒さんは「特別支援学校での環境に慣れすぎていた。障がいのある人の中でおしゃれの機会もなく、その環境に甘えていた。大学に行ったらみんなおしゃれで、特別支援学校とはぜんぜん違って、耐えられなかった。あのころはみんなと同じにしなきゃと思い、思えば思うほど障がいのある自分とない人の違いが見えて辛くなった」と振り返っている。

莉緒さんは大学を中退した。そして、精神的に不安定になった時期もあり、友人と会うこともなくなったため、おしゃれの情報も入らなくなった。祖母や母親との関係が深くなっても、女性ならではの話をする機会もなかったことに、「母は自分のことを女性としてみてくれていなかった」と残念そうに話してくれた。

しかし母親は、当時の様子を振り返り、「娘の体調が悪くなり、どんどん出かけられなくなって、かわいくしてあげたいけど……。自分自身がおしゃれが得意でもなく、技術もなくて、あの子の思うようにやってあげられないことを悩んだ。この前メイク教室でメイクをしてきて、本当に喜んで帰ってきたんです。こういうことがしたかったんだなって思いました」と彼女の希望に添えないことを悩んでいた。

私はインタビューをするなかで母娘のとらえ方の差に気がついた。ヘアメイクやおしゃれの担い手を母親に求めることしかできない莉緒さんは、思うようにできない理由を母親に向けることで自分を守っていたのかもしれない。

ヘアメイク教室が終わったあとに、莉緒さんは「ヘアメイク教室に参加したとき、はじめて女性として扱われた気がした。今までまわりから女性でも男性でもなく、『障がい者の莉緒さん』という扱いが多かったから……うれしい」と感想を伝えてくれた。

ヘアメイク教室ではいい体験をすることができても、日々の生活における困難は解消されない。たとえば、莉緒さんは就職活動時の経験について次のように語っている。「朝、一生懸命メイクしても汗で流れて崩れてしまう、しっかりメイクができていないから。就活の身だしなみのためのメイクと言われるとよけいにハードルが高くなって、出かけるのも嫌になる」。大学時代のおしゃれに対するプレッシャーがまた甦っているようだった。私が「身だしなみのためや誰かに合わせるためのメイクではなく、おしゃれ好きな莉緒さんらしく自分のメイクを楽しめるようになるといいね」と言うと莉緒さんは「そう考えると楽になる」と自分で自分を確認するように頷きながら答えていた。

❷簡単には進まないヘアメイク

彼女たちの手の不自由さはそれぞれ異なるため、使いやすいメイク道具に出会うか出会わないかで、ずいぶん進め方や仕上がりも変わる。莉緒さんは指にファンデーションをつけて、顔に塗っていたが、指が思うように動かず、塗りたい場所に指を動かすことが困難だった。莉緒さんは「一生懸命になればなるほど、手や顔に力が入り思うように動かない」と言いながら焦っているようにも見えた。自分でやりたいと思う気持ちが強いせいか、何度も繰り返すが、動きが荒くなり、やはりうまくいかない。

そこで、隣にいる彩さんのようにスポンジを使って塗ってみたらと提案した。莉緒さんは、「道具を手に持つ方が難しそう」と言うので、私が大きめのスポンジを渡したところ、莉緒さんは半信半疑で試してみた。すると大きめのスポンジで塗る方がうまく進み、莉緒さんは「気持ちいい～。私はメイクの情報を知っているようで、ぜんぜん知らなかった。彩さんたちと一緒にメイクすることで、教えてもらえることがいっぱい。今まではできないと自分でなんかしないといと思っていたけど、もっと柔軟に考えて、できない時は他の方法を考えればいいんですね」と表情が緩んだ。

その後も自分でもできる方法を試しながら、泡の立つ洗顔フォームを入れる容器や、ファンデーションを塗るスポンジなど使いやすい商品の情報交換で盛り上がった。手が不自由でも自分の使いやすいものを使えばいいことを仲間から教えてもらい、お互いが他の仲間のメイクを参考にし、「やりやすい。これなら私できる。知らなかった〜」とうれしそうに自分が使いやすい道具の使い方を学び合っていた。

メイク教室が終わったあと、莉緒さんは「お化粧や肌をケアすることは幸せな時間に変えられる」とメールで感想をくれた。今までのように、自分のできなさと向かう辛いメイクではなく、一緒に学ぶ仲間がいるからこそ、安心して相談しながら試行錯誤できる場となっていたようだった。

❸おしゃれを楽しむ環境がない辛さ

彩さんは病気がきっかけで左半身不随の中途障がいがある。以前はおしゃれが大好きな中学生だったが、「ある日を境に障がいのある身体になり、何もかもが変わった。障がいがあっても自分は変わらないと思いたかったが、実際は友だちが離れていき、まわりの変化が辛かったが、どうすることもできなかった」と中学校時代のことを彩さんは振り返った。

高校は特別支援学校の高等部に入学した。ふだんおしゃれをする生徒もいなくて、身だしなみの授業はイベント的にはあったが、自分たちでメイクをするのではなく体験型で終わってしまった。この年代であればおしゃれが広がる時期だが、おしゃれ好きな彩さんも、「日頃の生活の介助に手がかかりプラスしておしゃれをする余裕もなかった。まわりの仲間もおしゃれをしていないし、おしゃれをしたい気持ちも薄れていった。このとき中学の頃の友達とは違う世界に来てしまったと思った。いろんなことをあきらめ、あの頃は自分から何かしたいとは思わなかった」と当時の思いを語ってくれた。彩さんは積極的な性格だった自分から変わるつもりもなかったが、高等部に通い思う方向とは違う方向へ自分が変わっていくことを感じ、葛藤しながらも現状を受け入れるしかなかったのだろう。

❹心が揺れるファッションショー

彩さんは二〇一六年秋、障がいのある人がモデルとして出演するファッションショーに亜実さんと出かけた。彩さんはステージ上の障がいのあるモデルさんが人前に出て自分を表現していた姿を見て、「障がいがあるのにモデルになれるの？　と思い、衝撃を受けた。しかも堂々としていて、自分を表現していた。義足の人もステージに立っていた。はじめは長いスカートで義足を隠していたがステージ上で衣装チェンジをし、ミニスカートから個性豊かなデザインの義足が見えた。自分がどう生きたいか発信しているように見えた。こういう生き方もあるんだと思った」と、いつになく興奮気味に語った。

私が、「機会があればファッションショーに出演したいと思う？」と問いかけると、「私でいいなら出演してみたい」と恥ずかしそうに答えてくれた。この言葉を聞いて、いつか彼女たちと一緒にファッションショーを企画しようと心に決めた。

❺初めてファッションショーのステージに

予想外にファッションショー企画のねがいはすぐに叶った。二〇一七年春、私は障がいのある人が参加するイベントの中で、ファッションショーを企画、担当することになり、彩さん、亜実さんに声をかけた。彼女たちは車いすの人でも楽に着られる振袖を着て、ヘアメイクをし、ファッションショーに出演した。

この時、彩さんの中学の友人が見に来てくれていた。その友人との関係を彩さんは「昔だったら、見に来てほしいなんて声をかけることもできなかったけど、今回は友達を誘えた。今の自分を見てほしいとやっと思えた」と話し、中学の時には一度離れてしまった友達だが、数年経過し最近は時々会って、恋愛やおしゃれの話をする仲になっているそうだ。彩さんは「まだ障がいをすべて受け入れているわけではないけど、私は私、障がいのないときと変わっていないと思えるようになったから、また会えるようになった」と障がいのある自分を少しずつ受け入れ、自分つくりをしながら心の変化が起きていることを話してくれた。

彩さんは念願のファッションショーのステージを体験したが、すべてが思うように進んだわけではなかった。ファッションショーのヘアメイクはモデルの希望ではなく、ヘアメイク担当者が決めていった。終了後に彩さんは「ヘアメイクで思うことがあっても、言えなかった」と残念な思いを語った。ファッションショーの舞台裏は時間との闘いで余裕がなく、希望を言う雰囲気ではなかったことは想像がつく。がっかりした表情だったが、人任せの体験では望みが叶わないことに気がつく機会になったようだった。

彩さんはヘアメイクの経験を重ね自ら模索しながら、「あの人はできていいな。でも私はできない」という思いから、「私もやってみたい。どうしたらできるか」と考え方が変化していた。

4　なりたい自分になるために

❶仲間とともに語り合う

亜実さん、彩さんの参加するサークル活動は、テーマを決めず好きなことを自由に話す会だった。そのうち、大学のゲストスピーカーとして講義を担当するようになり、人前で話す機会が増えてくると、「自分たちはこうしたい」という思いを語り合う機会になった。会を重ねるごとに、ことばも増え本音も出てくるようになり、安心して語り合える場になってきている。同じ境遇の仲間だからこそ、わかり合えることも多いのであろう。

ファッションショーのステージに立った後に行なったヘアメイクをテーマにした座談会では、「自分の希望どおりにおしゃれし、表現するためにはどうしたらいいか？」「もっとメイクのことを知りたい」「ヘアメイクを学んで、学んだことをメイクしてもらう人に伝えたい」という言葉が出てきた。実体験を通した彼女らの言葉には重みがあり、誇らしげに語る姿があった。

二〇一八年五月のヘアメイク教室のテーマは「自分たちでメイクできる方法を見つけたい」であった。自らテーマを話し合い考えてきた彼女たち。ついにサークルの活動が彼女たちからの発信になってきた。今までの「お母さんがやってくれない」という受け身的な彼女たちから、「まずは自らが学ばないと希望が伝えられない」ことに気がついてきたようだった。

なぜ彼女たちは変化してきたのだろうか。彩さんは以前からヘアメイクを母親にお願いすると、「自分でできないならあきらめなさい……言われる」と不満気に話していたが、今はあきらめたくない彩さんがいる。その思いから「ヘアメイク教室をしたい。自分でできるところはして、できないところは、どうしてほしいかちゃんと言えるようになりたい。それには自分たちがメイクを学ばないと伝えられない」と提案してくれた。

当日は、ファッションショーの体験の話からいろんな姿がみえてきた。彼女らは目の前で見たステージのモデルに憧れ、実際自分がモデルになると、思うようにヘアメイクをしてもらえないもどかしさを感じたことで「相手が主」ではなく、自分の希望は自分で伝えないと伝わらない経験を繰り返したのであろう。そして、その体験をその場だけの体験にせず、ヘアメイク座談会やヘアメイク教室で仲間と自分の思いを話し合った。現役の学生も参加し情報交換の場ともなり、なりたい自分をイメージしながらの思いを膨らませる機会となった。

❷支援者主体のおしゃれから自由に

いくら自分たちで学んでも、手に不自由さがあると、実際、細かいヘアメイクは支援者の手に委ねることが多くなる。ヘアメイク教室で「眉毛の整え方」という内容で話していたとき、眉毛カットの話題で盛り上がった。

眉毛は表情が変わるほど大切で、眉毛の形もいろいろある。私が「眉毛の形を伝えてる？　鏡を見ながらカットしてる？」と問いかけると、彼女たちは困った様子で、「眉毛の形、気になるけど、希望を言っても……」と口を濁した。私が「ふだんどんな感じで進めてる？」と尋ねると、彩さんが「眉毛もメイクもお母さんが鏡の前にいて、鏡に映るのはお母さんの後ろ姿ばかりで……自分の顔が写る鏡は見えない」と答える。続いて亜実さんも「そうそう、一生懸命やってくれているから悪くて希望は言えないよね。あとから眉毛を見て形が気にいらなくても……カットが終わっている。結局、メイクもやってもらうときは丸投げだよね……」と失笑しながら話すと、他の仲間も頷いていた。

出会ったころの彼女たちだったら、「どうしてほしいか聞いてくれないお母さんが悪いよね」となっていたところが、今回は話の流れが違い、彼女たちは「では、どうするか」を話しはじめた。そして眉毛の整え方を一緒に学ぶことに話が進んだ。支援者主体のおしゃれから自由になるために、彼女たちが動き出したきっかけの日になった。

しかし、急にうまくいくものでもなく、現在でも彼女たちの試行錯誤は続いている。ショートステイからの帰りに、サークルに参加した亜実さんは、恥ずかしそうに現われた。その日は髪を二つに分けて耳の後ろで簡単に結ばれていた。明らかにいつもとは髪型が違っていた。私が「ん？　ショートステイの帰り？　髪の毛……」と聞くと、亜実さんは「食事のとき、職員さんに結んでもらったけど……髪がじゃまだから結ぶという感じで……おしゃれに結んでほしいなんて……言えなかった」と少し悔しそうに他のメンバーにも話していた。さらに続けて「職員さん忙しそうで、言える雰囲気もないし。どうしたらお願いできるんだろう～」とリアルな心の声を話してくれた。

5　母の不安――娘のおしゃれの担い手は？

彼女たちの母親はヘアメイクで喜ぶ娘の姿を見て自分のことのように喜んでくれていた。しかし母親たちは「娘たちがおしゃれをし、新しい自分に出会い変化していくことは喜ばしいことだけど……いつまで一緒に暮らせるのかわからない」「今は手伝ってあげられるけど、将来娘のおしゃれ、ヘアメイクのケアはだれがしてくれるのか」「いつも丁寧にしてもらえるのか不安が止まらない」と彼女たちの将来に不安を感じていた。

娘たちは、自分たちで思いを伝えられるように試行錯誤しているが、母親ならではの思いもあるようだ。母親たちは「どうせ将来やってもらえないなら、今からおしゃれの楽しさを知らないほうがいいのでは」「今楽しい思いをしすぎると、今後生活が変化したときに傷つくかもしれない」と、おしゃれのことだけではなく、生活の中でも彼女たちが傷つく前にその原因を除去してあげたいという思いを強くもっている。母親が娘を思うという意味では確かに理解できないこともないが、彼女たちは二〇歳を超え「自分たちでどうするか考えたい」と動きだしている。その思いを親がフォローできるうちにいろんな体験をする機会を保障していくことも大切ではないかと私は考えている。

母親がそんな思いになれないのは、母親だけの問題ではなく、障がいのある人と家族、家族を取り巻く社会の課題も関係しているといえる。障がいのある彼女たちが自分たちのねがいに近づくためにゆたかに生活できる保障も課題となってくる。生活の中の一部である「おしゃれ」にも彼女たちの生活は見え、生き方が現われてくる。自分つくりの大切な青年期、これからの成人期に向けて、彼女たちが自由に自分を表現し、なりたい自分になれるように、私は彼女たちにかかわる人ともつながりながら彼女たちのおしゃれの広がりを追っていきたい。

＊本稿の登場人物はプライバシーを考慮して仮名とした。

3 青年期に生きる幹を太らせる
――福祉型専攻科の試み――

1 福祉制度を活用した「学びの機会」

❶「学び」の選択肢がない学校卒業後の進路

「障害」があってもなくても「学校から社会へ」「子どもからおとなへ」の移行期には、多様な「学び」についての選択機会が必要である。しかし、「教育機会均等」の原則や「他の者との平等」の原理（障害者権利条約）があるにもかかわらず、知的障がい者には「学校から社会へ」移行するための多様な「学び」の選択肢が用意されていない。

現在、高等学校卒業後の大学進学率は五四・七％、高等教育機関全体への進学率は八〇％に近い。一方、特別支援学校卒業者の大学等高等教育機関への進学率は一・九％である。知的障がいのある生徒に限ると、大学・短大・高等部専攻科・専門学校への進学率は約〇・五％である（二〇一六年度）。

現在の就労に特化した特別支援学校教育は、卒後すぐに就労できるためのスキルの習得に多くの時間がかけられる傾向にある。そのため、学校教育の課題である「人格形成」及び「社会生活スキルの獲得」「教科学習」「(働くための権利学習も含めた) 職業教育」に、十分な時間をかけるゆとりがないのが現状である。知的障がいのある青年たちは社会に出ることを急がされ、青年期の発達課題をふまえてじっくりと「学校から社会へ」の移行を準備する力を育てることが困難な実態があると言えよう。

❷生活訓練事業としての「学び」の場

「どんなに障がいがあっても、高等部で終わらせることなく、もっと学びたい、もっと自分探しや、友だちとのかかわりを通して、失敗したり、悩んだりしながら青年期を豊かに膨らませたい」。その願いを実現するために、和歌山県で二〇〇八年に福祉の制度である「生活訓練事業」を活用した「学びの作業所」が開設された。この一〇年間で、全国に「学びの作業所」「福祉型専攻科」「福祉型大学」と呼ばれる事業所が広がってきている。

こうした全国的な流れのなかで、二〇一四年四月、東京都にも「福祉型専攻科」K事業所が開設された。私は、都立特別支援学校を定年退職後、K事業所の開設にかかわり、一年間は常勤職員として、その後三年間は非常勤職員として働くことになった。

K事業所は、高校・高等部を卒業した後の「延長教育」や「継続教育」として位置づけてはいるが、福祉制度の「給付金」によって運営される「生活訓練事業」であるため、二年を期限(延長一年)としている。現状は、「就労移行支援事業」を合わせて四年間在籍することができる学びの場として開かれているが、利用者が何人いるかによって事業所収入が変わってしまうため、職員の確保や学びの環境づくりにも経営面での制約が出てくる。外部の講師や協力者など多くの方々の善意に支えられて、「学びの場」は成り立っている。

学校教育との違いの一つは、教室が少ないことである。「生活訓練事業」では、事業所面積は一〇〇平米以下（三三坪程度）という制約があった。そのため教室は一、二か所しかつくれないにもかかわらず、そこに最大定員二〇名が入ることもある（一事業所の最低定員は二〇名）。したがって、区立体育館・プール、図書館、調理室などを定期的に借りたり、近隣大学の学食を利用したり、公園で運動したりするなど地域活動を多く取り入れたプログラムになっている。事業所の施設条件に規定されているものの、半面このことが地域とのつながりを意識した積極的な活動に展開する可能性もあるように思う。

学習プログラムには、労働、経済、セルフケア、調理学習、性教育、音楽・美術、スポーツ、自主学習・論文発表会、余暇活動などがあり、九時三〇分〜一五時三〇分の活動時間のなかで、午前一コマ、午後一コマのゆったりとした時間設定のもとで青年たちは学んでいる。学習指導要領の制約を受けないため、学習プログラムには独自性もあり、青年たちの状態や意見・要求に基づいて、臨機応変に変更することも可能である。このような融通が利く点でも学校教育とは異なっている。一般的な「生活訓練事業」は、「地域移行のための自立訓練」を目的として、社会生活スキルを身につけることが主な目的となっているが、「学び」を目的とした「生活訓練事業」では、文化教養のプログラムが多く設定されているという特徴がある。

2　障がいのある青年たちが「学ぶ」ために

一年目は情報も少なく、このような「学びの場」があることはあまり知られていなかった。すでに卒後の進路は決まっていたものの高等部を卒業する直前にここを知り三月になって駆け込みで入学してきた青年、一八歳で就労したものの就労先や進学先でつまずいてしまった青年、不登校や視力障がいがあるために進路先が決まらなかった青年たちが集まってきた。出身学校も居住地域も経歴も年齢もさまざまな青年たちが初めて出会い、職員も同様にお互いが気をつかい、相手の気持ちを探りつつ、距離を縮めていこうと努力していた。

K事業所の入学条件には、「ひとり通学ができること、本人の意志で入学を希望していること」という項目がある。ひとり通学ができると言っても、初めての経路での乗り換えに不安があったり、満員電車で二時間かけて通ってくる人もいて、家ではぐったりとしていたようである。高等部の進路見学で自分の希望するところが見つからなかったので、ここに来てゆっくりと進路を考えたいという人もいた。また、「本人の意志」とは言え、学校の先生や保護者の期待に応えて決めた人も多い。そのため、自信がなく、すぐに「ごめんなさい」と謝ってしまったり、自分で判断したり決めたりすることが少ないなど気になる姿を示す人もいた。

親から「ここで暴れたり迷惑をかけたら退学させる」と言われた人もいた。青年たちの多くは、強圧的な対応や言動に敏感である。しかし、恐怖感や不快感、違和感などを言葉でうまく伝えられず、適切に対応できないため込んでしまう人もいれば、ときには暴れてしまう人もいる。教室では「いい子」にしていたり、

「わかったふり」を演じている人の中には、家でそのストレスを発散する人もいて、一見穏やかな生活の中にも緊張感のある日々を送っていたことが伝わってきた。

さまざまな困難を抱え、生きづらさを感じてきた青年たちに、ここが「居場所になる」ためには何が必要か。職員自身が自らに問いつつ、「何よりも安心して過ごしてほしい。『学び』は『わかる』から楽しい」といった願いや思いを職員集団で共有しながら、青年たちの話を丁寧に聞き、制約はなるべく避けたいと考えていた。理解はできるけれど納得はできないことに対してもまずは受け止め、青年たちの願いや思いと向き合い、信頼関係を築いていくことを心がけていた。一人ひとり事情は異なるが、ほとんどの青年たちは毎日通学してきた。不登校であった人もプログラムを選んで継続的に通ってきた。時には行きたくないということもあっただろう。寄り道して遊んだり、夜遅く帰ったりしたいと思うこともあっただろう。しかし、青年たちの多くは生真面目で、羽目をはずさず家と事業所を往復していた。

職員どうしも初めての出会いであり、職員集団として成熟していたわけではない。だからこそ、短時間でも毎日の活動を振り返りながら、青年たちの気になる姿を報告し、内面について意見を出し合うことを日課にしていた。青年のことを話し合う時間を充分にもてず、一人ひとりの青年の内面理解に迫ることもままならない現在の学校との大きな違いである。青年たちの話ができる職場環境は「学びの場」を支えるための必要な条件である。また、そのような職場は働きやすいのである。

青年たちと職員とは「おとなとして対等な関係」である。そして、青年たちのみならず職員にとっても「学び」は共通のテーマである。まだ実績のないK事業所にとって、この一年は「安心できる居場所」で「仲間づくり」や「わかる学び」を通して、葛藤しながら「自分らしい生き方」に気づき、自分の人生を模索する

「学び」のスタイルをつくっていく大切な時期であった。

「安心できる」とは何か、「わかる」とは何か、「仲間」とは何か、「自分らしい」とは何か。青年たちが一年後、あるいは卒業する四年後に、ここでの「学び」についてどのように語ることができるのか。開設当初、漠然と描いていた高校・高等部卒後の「学び」の意味をここで出会った青年の姿を通して考えてみたい。

3　自分と向き合うケイさんの学び

❶安心できる集団

五月のある朝、ケイさんはイライラして事業所に入ってきた。教室にいるサトシさんを見つけるなり、「エプロンをケチャップで汚しちゃったんだよね」とからかうように話しかけた。「中学校の時さあ、調理の時間にさあ、汚しちゃったんだよねー」と何回も繰り返して、サトシさんが怒ることをわかっていて挑発していたのである。

ケイさんは、小学三年から中学までは区内の特別支援学級に在籍していた。サトシさんとは中学校からの知り合いである。その当時から同様の騒動が頻発していた。ケイさんは「話し方がいやだった」と話している。その後特別支援学校に進学した。高等部からは、学習グループや教室の階も別にして二人が出会わないように、生活空間を分ける対応をしたと元担任から聞いた。卒業後、K事業所で再会することになったのである。

この日は、サトシさんが激怒して、「ふざけんなあ」などと言いながら、テレビやホワイトボードなど手あたりしだい壊してしまった。職員も学生たちもサトシさんが暴れる姿を見るのは初めてだった。教室内は騒然となり、職員はサトシさんとケイさんの対応に追われた。いつものサトシさんは、理由もなく自分から手を出す人ではない。一度冷静になれば、引きずることもなく自分の世界で過ごす人であるが、この日はなかなか収まらなかった。まわりの青年たちは怯えていた。彼らの不安な気持ちを静めるために、外出するなどしてなんとか一日をやり過ごした。

ケイさんにはケイさんなりの理由があったとしても、サトシさんを巻き添えにすることは正当化できることではないと考え、「サトシさんは悪くないのに、何の理由もなく被害にあっている。はじめに私たちに話してくれないか」などと話すと、「ごめんなさい。サトシさんにあやまる」ということばが返ってくる。次の日は、職員も含めてみんな緊張していた。「なにも起きませんように」と祈るような気持ちでケイさんの登場を待っていた。

この日は何も起きなかったが、連絡帳に書いた昨日の出来事のページが破り取られていた。母親に事情を聴くために電話をしたが、ケイさんはそばで聞いていたようで、「お母さんに何話したの？」と聞いてきた。それ以来、連絡帳はケイさんにも見てもらい確認することにした。自分のせいでトラブルが起きたり、自分の評価が下がるようなことを親に知られることは、ケイさんに限らずほとんどの青年が気にしていた。ケイさんが人をたたいたりするような暴力的行動はとらないことをみんなは知っていた。したがって、まわりの青年たちからケイさんを排除するようなことばや責め立てることばを聞くことはなかった。かかわりをもたずに敬遠していた人もいたが、むしろいつもはおとなしいケイさんが、どうしてあのような態度をとるのか、その理由や職員の対応について関心があった。生徒たちは家に帰れば一部始終報告していて、「あなたも同じね」と言われたり、どこかでケイさんと自分を重ね合わせて考えていたのかもしれない。

❷性教育との出会い――何を言ってもいいんだよ

二〇一四年七月から二〇一五年三月まで、四人の講師に来てもらい、性教育の「特別講座（一〇回）」を行なった。

性教育は、これまで経験したことのない初めての「学び」であった。生きづらさを抱えているケイさんにとっては自分自身と向き合うための貴重な機会となった。この出会いが一年目の成長だけではなく、その後の人生に大きな影響を与えていく。

第一回は講座の導入として、性について知っている言葉を出し合った。すると、たとえば「ペニス」ということばを聞いただけで「いやらしい」「セクハラだ」「言っていいの?」などということばで教室内は騒然とした。「性」について人前で話してはいけないという否定的なイメージに覆われている青年たちの様子からは、性教育の貧しさが反映されていると同時に性教育の重要さが伝わってきた。

二回目の講座でも、はじめは性器の名称を言ったり裸の絵を見ると教室が騒がしくなっていた。しかし、「これはお勉強だから」「言ってもいいんだよ」「恥ずかしいことじゃないんだよ」と講師から伝えられると、講師の意図を十分つかめていない雰囲気もあったが、誰かが「ペニス」「ペニス」とおちゃらけて言いだすとまわりから笑いが起きた。青年たちの本心は、実はスマホやパソコンで見ていたことも含め、話したい、本当のことを聞きたい、知りたいというところにあったのだということを私たちが理解するきっかけとなった。

その後の学習では、自分の誕生から今に至る「生」について学んだり、「性」は女と男という二分的なとらえ方だけではない見方を学ぶなど、真剣に学ぶ姿が増えてきた。

講座が進むなかで、講師が「自分は女の子だと思う人?」と問いかけたとき、ケイさんは小さく手を上げた。ケイさんの表情には「言ってもいいんだ」という安堵感があったことをよく覚えている。同時に、そばで見ていた私は、これまでまったく気がつかなかったこの出来事に少し動揺していた。その一方で、性教育の講師たちは、ケイさんにとってやっと出会えた安心して自分の悩みを話せる人たちだった。

❸イライラの背景

性教育のおかげで、私は「性」に悩むケイさんを知ることができた。ケイさんは、小学校に上がる頃からランドセルの色や服装などに違和感があり、「中学生の頃、LGBTやニューハーフの人がTVに出ているのを見て、自分と同じだ」と思うようになったと話している。また、このころから、父親や姉との関係がうまくいかなくなってきた。年齢とともに父親から声をかけられることさえ許せなくなってきたようである。

サトシさんとの騒動の日、ケイさんは「家でイライラする。お父さんに何か言われた。ごめんなさい」「来週月曜日には元に戻る」と話してくれた。後から母親に聞くと、ケイさんが家を出るときに、たまたま家にいた父親が「行ってらっしゃい」とごく普通に声をかけただけだったという。私は、父親に叱られたと勘違いしていたが、そうではなかった。母親から聞くまでは「性」の悩みが背景にあったことに気がつかなかったのだ。ケイさんは自分でもどのように表現したらよいかわからないもどかしさやイライラを事業所に来るまでため込んで、ドアを開けて入ってくるなりサトシさんにぶつけたのだろう。

❹まんざらでもない自分と出会う

非常勤職員夕子さんが、近隣のW大学の学祭実行員会と交渉し、K事業所も六月からの会議に出席できることになった。一一月開催予定のW大学祭では「夜の仮装パレード」があり、近隣商店会など市民が参加ができる企画があった。大学に憧れるコウさんが月に一度、夜の会議に参加した。「会議では何を言っているかよくわからなかった」と後で教えてくれた。それでも自分から「参加することに意義があるから」と言って継続して参加した。同世代の女の子がたくさんいることは魅力であったとも話していた。

パレードへの参加方法について、青年たちからオリジナルTシャツを着てダンスをしながらパレードをしたいという案が出された。残念ながら実行委員会企画の主旨とは合わないために承認を得られなかった。次の案として、「沿道の人たちにかっこいい自分をアピールするために何かめだつことがしたい。全員が好きなキャラクターの仮装をして参加しよう」ということになり、これは承認された。そして、アニメキャラクターや歌手や憧れの職業などイメージを出し合った。

ダンス講師のミワさんが知り合いの舞台衣装などを手がけるプロのスタイリスト橘さんを紹介してくれた。橘さんは、九月半ばから数回にわたり、衣装づくりのために来てくれた。一人ひとりと面接しながらイメージを丁寧に聞き取り、手作りしたり、既存の舞台衣装を用意したり、仮合わせをしながら、みんなが納得のいく衣装ができあがった。教室では自然にファッションショーがはじまり、記念写真を撮って家族や友だちに見せる人もいた。当日が待ちどおしくてワクワクする気分が教室中に溢れていた。

パレード当日、橘さんと一緒に仕事をしているメイクさんも協力してくれ、お化粧や服のコーディネイトをしてもらった。青年たちの心も身体も準備万端の状態になっていた。大学構内に集合して、仮装して気勢を上げている大勢の大学生の中でも気後れすることなく、その雰囲気にしっかり溶け込んでいた。夜のパレードがスタートして、街中を堂々とパフォーマンスしながら歩く姿は自信に溢れていて、誇らしそうであった。すべての家庭から見学者があり、知り合いや沿道からも注目を浴びることで幸せな気分を存分に味わった。一人ひとりが輝いていた。

ケイさんは大好きなキャリーパミュパミュの衣装を着て、メイクアップもした。「仲間がいるから、これなら街の中を歩ける」と言っていた。自信が不安を少し乗り越えて「まんざらでもない」自分になって出かけることができたのである。この仮装パレードへの参加は、ケイさんにとって「やりたいけどできなかった」自分から、「やれるかもしれない」自分へと心にゆさぶりをかける取り組みになったようだ。

❺カミングアウト

もやもやとして理由のわからないイライラが、ときに爆発してしまうことを何度も経験してきたケイさん。そのたびに「ごめんなさい」をくり返してきた。「性」の悩みと葛藤する青年期の揺れる心を誰かに知ってほしい。もっとも伝えたい今を生きる人生のテーマを、自由研究として発表することにした。年度の途中から私はケイさんの担当になり、週に一、二回、一対一で半年近くかかわることができた。

年明け早々にケイさんとサトシさんの二回目の騒動が起きた。ケイさんは、自由研究の中身づくりでパソコン検索をしたり、文章を考えるときは充実した時間を過ごしていた。その一方で、もっとも身近な家族や学校の仲間たちから、ケイさんの態度やことば遣いに対して「気持ち悪い」などという人格が否定されるようなことばをたびたびかけられた。本当に発表できるのか、聞いてもらえるのか、発表したい期待感の高まりと不安感で押しつぶされそうになっていた。「もうだめだ」ということばを何回も口にしていた。この時期になると、クラス集団は性教育をはじめ学習経験や集団活動、地域活動などを通して、自分を語り、お互いを知り、意見を出し合える経験を積み重ねていた。イライラして暴言を吐いたり、暴れてしまう仲間に対して、振り返れば自分にも同じような経験があったり、実は苦しんでいるのはその当事者であることへの気づきがあり、青年たちが成長してきているなかでの二回目の騒動であった。

前回同様に暴れてしまったサトシさんは、性教育の発表準備のために壁に掲示していたトミさんの「自分史」を破いてしまった。トミさんは過去にいじめられたことや差別的な待遇に出会ったことなど、過去の辛い出来事が自分の障がいと関係があるのではないかということを知りたがっていた。自分史づくりもそのことが一番の関心事であった。ケイさんに対しても「しかたないよな」と言いながら、黙々と破れた模造紙を仲間に協力してもらいながら修復していた。このような仲間集団が静かにケイさんを支えていたともいえる。

性教育での「学び」や理解者が少なからずいること、憧れの衣装を着て大学祭パレードで「やれるかもしれない」自分への気づきなどが後押しをして、ケイさんは一年目を締めくくる自由研究を「論文発表会」で話すことができた。テーマは「原宿、渋谷のファッション」である。好きなファッションや雑誌を紹介しながら、最後に「自分の夢」、できればやってみたいこととして、「将来の夢はモデル活動をしたい」「私はきれいな女の子になりたいです」とパワーポイントで映しながら、はっきりとした言葉で伝えることができた。緊張して五分間の発表を終えたケイさんは席を立ち足早に会場の外に出たが、表情は満足感に満ち溢れていた。そして、全身から息を吐き出すように「できたあー」と声を出した。

このテーマにたどり着くまで時間はかかったが、性教育と出会い、女の子になりたい気持ちを「そのままでいいんだよ」と励まされながら、この騒動の後、一気に二か月近くで仕上げてしまった。自分と向き合うケイさんには勢いがあった。一方で、これまでと同様、家に帰れば「やりたいけれどできない」環境や不寛容な社会との狭間で葛藤は大きくなっていたのである。心の揺れを歓迎したい気持ちとそれを支えるサポートが充分あるとは言えない状況もある。一人では解決できないケイさんの悩みは、「ありのまま」「自分らしく」生きてほしいという漠然とした人間像を私たちが描くだけでは解決できない重たい課題でもあった。

❻その後のケイさん

「論文発表」に至る過程で得た経験やカミングアウトは、ケイさんにとって自分の人生を生きていくうえで、一年目の「学び」の到達点であった。これから新たな課題とどのように向き合い生きていくか。静かな環境の中でこそ穏やかに過ごすことができたケイさんにとって、二年目は厳しい環境になってしまった。新一年生が加わり、人数が増えたことで、静かな場所を確保しづらくなってきた。さらに、経営者の強い意向でクラスが縦割り集団となり、初年度の集団を継続することができなくなってしまった。

ほとんどの青年には調整力があり、新たな集団に馴染めたものの、二年目のケイさんはほとんど集団に入れずに、個別にかかわることが多くなってきた。結果的に居場所を失ったケイさんは三年目の段階で退所することになった。その後、居住地域の「就労移行支援事業所」に通うことになった。その間に、LGBTの演劇を観たり、同じ悩みを共有することができそうな団体に出かけたりもした。家族と離れグループホームに入り一人暮らしがしたいという目標もできた。そのためにも就労してお金をかせぎたいと思うようになってきた。まだ道のりは遠く、新たな困難も出てくると思われるが、一年目の経験が今も継続してケイさんに息づいていると思いたい。

4　問いから始まる

ケイさんが退所してから三年が経った。私は今年（二〇一九年）四月に立ち上げた「学び」を目的としたNPO法人が運営する生活訓練事業所に勤めることになった。ここでは、日中の活動後や休日に、主にすでに就労している青年たちが集まることのできる居場所づくりも行なっている。就労移行支援の期限が迫っていたケイさんから連絡があり、事業所で何度か会うことができた。就職ができなかったことや性の相談ができるクリニックに通いホルモン治療を受けたい意向をドクターに伝えたという話を聞いた。女性としての服装をしたいとも話していた。

ケイさんが新たな目標に向かうことができたこと、「幸せ」な人生に向けて一歩踏み出したことは確かである。それはまた、新たな課題にぶつかることでもある。ホルモン治療を受けた後のことを考えると同じ悩みを抱える仲間の支えが欲しいところである。K事業所では、理解のある仲間たちに支えられて一年間を過ごすことができた。しかし、集団構成の問題などでケイさんは居場所を失ってしまった。仲間づくりにとって、安心できる居場所がいかに重要であるかあらためて思うところである。

「自分らしく」生きるとは、「幸せ」な人生を描き、そこで生じる新たな課題を抱えながら生きていくプロセスである。失敗もあり、さまざまな困難もあり、このめんどうくさい過程を経ることを、「生きづらい」

と言うのか、それでも楽しいと言えるのか。その「生」の意味を実感をともに考えるような「学び」の意味が問われるところである。

障害者権利条約は「人間の多様性を尊重」し、障がいがあってもなくても、人として幸せに生きる機会が平等にあることをすべての締約国に権利として保障することを求めている。「権利の主体者」となることは、当事者が抱いている問いから始まることであり、家族も学校も会社も、社会全体がその問いに答えていくことができなければならないのである。その問いを発信することは容易なことではない。「何を言ってもいいんだよ」「恥ずかしいことじゃないんだよ」という「学び」の一歩は、初めて遭遇する困難にすぐには対応できない青年たちにとっていつも必要な一歩であり、そのためには就労しても終わることのない「わかる」ための継続した「学び」が必要であると言える。

学校卒業後の「学び」の機会にアクセスできない彷徨《さまよ》える青年たちも多い。学校教育の年限延長や進学、働きながら学ぶ機会も含めて、権利として選択できる「学び」の機会が増えることを望んでやまない。

＊文中の人物はプライバシーへの配慮から仮名とした。

4 自分らしく生きることを励ます「性と生」の学び

1 養護教諭として性教育に向き合う

東京都で障がい児の全員就学がスタートした一九七四年、私は新設された小岩養護学校葛飾分校に高等学校から転勤した。歴史的な全員就学の幕開けで都全体に高揚した雰囲気が漂い、「子どもから学ぶ」を合い言葉に、子どもから出発した教育づくり、学校づくりがめざされた時代だった。私が赴任した葛飾分校も、地域の反対運動を乗りこえて、三年後に養護学校として独立し、職員全体が学校づくりに向き合っていた。若い養護教諭としてこの時代をくぐって障がい児学校での仕事を構築できたことは幸運だったと思う。民主的な学校づくり・教師集団づくりの視点をもつこと、子どもを発達・障がい・生活の視点からとらえ、一人ひとりの願いや困難を探ること、共通する健康や発達の課題を見つけ出して教育活動に反映させ、学校に健康文化を根づかせること、こうした基本的な構えを学んだ。

性の発達に関する「問題」は勤務したどこの学校でも起き、保健室には子どもや保護者、担任などから、さまざまな相談が寄せられた。そこには性の発達にとまどう子どもたちの姿があり、障がいをもった子のあたりまえの性の発達を困りごとととらえる親や教師がいた。

性的欲求を率直に現わす子どもの姿から、私自身が人間の性について真剣に向き合って考える必要を感じた。子どもの性の育ちを自然体で受け止めて伸びやかに育んでいくためには、まず保護者や教師が性を学び、セクシュアリティを豊かにしなければならないと思った。書籍を普及したり校内研修で取り上げるなど、機会をとらえて性を話題にすることを意識した。

性に関する肯定的な共通理解ができてくるにつれて、子どもたちの性の行動にたいする教師の眼差しがおおらかで暖かいものに変わっていった。保護者もまた、性に関する懇談会を積み重ねるなかで、障がいがある子にとっても性の発達は自然であること、望ましい性の行動を時間をかけて教えていけばよいことを理解していった。そして、肩の力を抜いて子どもを見守り、「今、うちの子、青春だからね」と、子どもの様子を率直に話し合えるようになっていった。

次に勤務した施設提携校では、子どもたちは深刻な事情を背負って施設に入所してきていた。性のトラブルや虐待が原因となっての入所も増加傾向にあった。過酷な生育歴をもつ子どもたちに、自分がかけがえのない存在であると感じとれる学びや、自分を大切にできる力を育む性教育の必要性はとりわけ高かった。

中学部の三年生から始まった性教育が学部全体に広がり、性教育委員会が組織され、全校で行なわれるようになった。性教育では子どもたちは他の授業では見られない幸せな表情を見せてくれる。子どもと教師の関係、子どもどうしの関係も優しく、温かいものになっていく。性教育の授業は教師自身にとっても学びながらの取り組みで、授業づくりをとおして教師のセクシュアリティも良質なものへと磨かれていった。

性教育元年といわれた一九九二年前後には、都内でも障がい児学校や学級で性教育が模索されており、全国障害者問題研究会や〝人間と性〟教育研究協議会など全国的な研究会での実践報告も増えつつあった。

二〇〇三年、七生養護学校などへの性教育バッシングが起き、全都に衝撃が走った。七生養護学校の「こころとからだの学習」が、授業や教材の一部分だけを取り上げて「過激性教育」として非難され、校長や多数の教師が処分され、教材や教具が没収された前代未聞の事件だった。

七生養護学校の実践は子どもの実態に向き合い、教職員がよく話し合って、創意工夫をこらしたもので、子どもたちを性から遠ざけ、禁欲のみを強調する「純潔教育」ではなく、人間の性のしくみや安全な性のあり方を総合的・科学的に教える包括的性教育そのものだった。基本的な考え方、教材や授業づくりなど、示唆に富んだ実践からは学ぶところが多く、先進的な実践として評価も高かった。

バッシングの影響は七生養護学校にとどまらず、他の学校で緒に就いたばかりの性教育をも直撃した。すべての障がい児学校が、揃えた書籍や教材などをリストに基づいて提出または廃棄することを求められた。授業だけでなく、性に関連する研修会が学校から消えた。この影響は長く続き、二〇一三年一一月、「こころとからだの学習」裁判が原告の七生養護学校の教師たちの勝利で結審した後もなお、影を落としており、子どもたちの性を学ぶ権利は今なお、奪われたままだ。

「障害者権利条約」二三条には、性について、障がい者も年齢に適した情報や教育を享受する権利が書かれている。二〇〇九年（二〇一八年改訂）には、ユネスコが中心になって開発した「国際セクシュアリティ教育ガイダンス」が出され、五歳から一八歳までの包括的性教育の枠組みが示されている。

性の権利として、乳幼児期から高齢期に至るまで生涯にわたって性の学びが保障されること、学校の役割が重要であること、包括的性教育の基盤としてジェンダー平等と多様性の理解が不可欠であることは国際的に常識になっている。

2 性の出前講座――旅芸人

退職後、私は性教育の講演・相談などの活動を〝人間と性〟教育研究協議会障害児・者サークルの東京の世話人の仲間たちと行なうことにした。

障がい者は日本社会のセクシュアリティの貧しさと、障がい者を性的存在ととらえない二重の偏見のもとに置かれてきた。性や、おとなになりゆくからだと心について教えられなかったり、幼い頃から自分の性器にさわることを制止されてきた結果、自分のペニスを持てない、洗えない、親が教えようとしても受けつけない、手を使っての自慰ができないなどの問題を生じさせている。人との距離を機械的に教え込まれたり、恋愛禁止の指導を受けてくるなかで、人とのかかわりに憶病になったり、こだわりを生じさせたりしている。人との関係性についての学びがないまま、無防備に問題に巻き込まれる例も少なくない。

さまざまな相談事例から浮かび上がってくるのは、周囲が困っていること以上に、本人が困り、傷つき、自信をなくしている姿だ。

性は本来、学校で仲間とともにあたりまえのこととして学びあえることが大切だ。わくわくしながら性を持って生きる自分を感じとったり、気になることを話し合うことができる、そんな学校時代を過ごしてきてほしい。しかし、これまでに性教育を受けてきたという青年はわずかであり、ネットや週刊誌などから得た誤った知識も取り込んでいる。

性教育のネグレクト状態で育った青年たちに、性と生の主人公として自分らしく生きるための学びを届けたい。私たちはこうした共通の願いから、依頼を受ければどこへでも出かけて行き、出前授業を行なうようになった。

人形や模型などの教材や書籍などの大きな荷物を抱えて、さまざまな地に出かけて行く。その姿から、チームの名前を「性教育旅芸人」と名づけた。旅芸人のメンバーは元支援学級や支援学校の教師を中心に、性教育研究者や、発達障がいに加えてトランスジェンダー（性同一性障がい）の青年を含む六人だ。個性豊かなメンバーが、それぞれの得意分野を活かしながら活動して八年になる。

当事者への授業は福祉型専攻科といわれる学びの場や、放課後等デイサービス、私立学校（中・高）の障がい児クラスの同窓生たちの会、通勤寮、事業所や地域の保護者の会などが開催する本人講座など、さまざまな場へと広がっている。学校卒業後の青年への性教育は経験が浅く、限られた条件の中ではあるが、試行錯誤しつつ一〇代後半から三〇代までの青年たちと学びあってきた。

私たちのめざす性教育は、科学と人権、平等な関係性にもとづく人間の性を学び、安心・安全な性を自己決定できる力を育てる包括的性教育だ。世界の性教育は性の多様性を基本としており、私たちも人間の性が多様なものであることを前提に授業づくりをしてきた。

参加は本人の自由意志であること、学びの集団があることを基本に、知識の伝達に終わらず、自由な雰囲気の中で話し合い、考えを深めることを大切にしている。授業を進めてくるなかで、「性教育は関係性を大事に育てる学習だ。仲間の中で、気づきを出し合うこと、まとまらなくても言葉にしてみること、その中で思いもよらなかった自分の本音や新たな気づきに出会う。お互いがお互いを引き出し合える、そんな関係性をつくりだしていきたい」等々、話し合ってきた。性器や性行為のことだけではない、幅広く、自分づくりを助け、生きることを励ますものだと私たちは考えている。

青年たち一人ひとりの暮らしぶりや、くわしいプロフィール（障がいや発達、生育歴や受けてきた教育）を知っているわけではない。先入観をもたないで出会い、素の人間どうしのかかわりを大切に授業を進めながら、人柄や興味関心、理解力、課題などを探りつつ授業を展開していく。おおまかな計画や指導案を立てつつも、青年たちが求めている内容に合わせてつくりかえていく。縛りのない自由さを活かして、指導案はあっても、青年たちの様子から予定を変更することもありだ。

プライベートな内容を多く含む性教育はなじみの薄い外部の者が行なうよりも、青年たちの身近なところにいて、生活をよく知り、信頼している支援者などが行なうことが望ましい。将来的にはそれぞれのスタッフの手にゆだねることを展望して、できるだけ支援者も一緒に参加してもらうようにしている。

［これまでに 取りあげたテーマと内容］

・からだの学習～からだの名称（外性器、内性器など）、月経・射精、避妊、妊娠。
・自分史～家族からの聞き取りや赤ちゃんの時の写真をもとに自分が生まれたときのことを調べる。生い立ち年表づくりと発表。
・いのちの学習～受精、誕生、ＤＶＤ「うまれるよ」「卵子・精子　受精の映像」「赤ちゃんのお世話」
・恋愛、デートＤＶ～職員劇を観て話し合う、ロールプレイ、ふれあいの一二段階。

・多様な性～そら君の話を聞く、生きづらさ・苦しさへの共感、ＬＧＢＴの有名人の写真を見て話し合う。
・障がいについて「自分と向き合う　社会に向き合う　どう生きるか」～障害者手帳、障害者権利条約、やまゆり園事件、優生保護法。

3　性教育の実践

❶からだの学び

からだは自己肯定感や人権の住処《すみか》であり、からだの心地よさは発達の生理的基礎でもある。本来、子どもにとってからだは「いいもの、すばらしいもの」、からだから出る「うんこ」も「おしっこ」も「よきもの」である。こうしたからだ観は育ちのなかでの周囲の否定的な言葉がけなどから、性器は汚い、恥ずかしい、さわってはいけないもの、性器の名称も口にしてはいけないものに変えられてしまっている。

精液を「尿」、夢精を「おねしょ」と思っている青年は多い。「いんのう（こうがん）がある人？」の問いに「ない」と答える男子は意外に多く、自分では見えにくい陰のうの存在に気がついていない。また、自慰に関しても否定的な学びをしてきている。

女子の場合では、手当てがめんどうなことや生理痛のつらさなどもあって、月経を否定的にとらえていることが多い。月経周期への意識がなく、生理用品の購入も親・支援者まかせにしているなど、主体的に自分のからだを受け止めているとは言い難い。自慰については特に否定的だ。アンケートに「からだがきらい」と答え、その理由に「変なことをしちゃうから」と書いた女性がいたが、女性のセルフプレジャー（自分の楽しみ）も肯定してとらえる学びが必要だ。

からだを学んでこなかった青年たちが、おとなのからだに向き合い、理解を深め、誇りをもって自分のからだの主人公になるとともに、異性のからだについても理解し、よりよい関係性を育んでいってほしい。そう願ってからだの学習を行なってきた。

入口で学ぶからだの名称

福祉型専攻科の一年生、生育歴や教育歴がさまざまな中度から軽度までの男女一八名を対象に、のべ一〇回、各九〇分の授業を行なった。前半の五回をからだの学習に当てた。

一回目は全学年が集まってオリエンテーション。内容は講師の紹介、性とは何か、からだの名称や心の場所についてなどの入門編だ。

授業は講師の紹介から始まった。「恋愛の専門家、人権の専門家、人生の専門家、からだの専門家」と親しみやすい肩書き付きの紹介に初対面の緊張が解けて、雰囲気が和む。一人ずつあいさつをして本題へ進む。大きな男女の全身図でからだの名称を聞いていく。性器の名称や乳房などでは青年たちがどれだけの知識をもち、からだをどうとらえているのか、これまでの学習や生活経験をかいま見ることができる。名称を確認しながら、性は大切なもの、ここは学ぶ場なので、性器のことも自然体で話せるようになろうと語りかける。

性器の名称は学習を進めるうえでも、実感をもって自分のからだをとらえるうえでも重要だ。ペニス、ワギナの言葉を教えつつも、青年の中から出される言葉も否定しないで併用するようにし、折りあるごとに繰り返してなじむようにしてきた。最初は「言っちゃっていいの？」「アー言っちゃったよ」などと、抵抗感やとまどいがみられたが、繰り返すうちに、言ってもいいのだという雰囲気が生まれてきた。

「外から見えるからだ」

二回目から一年生集団での授業に入った。障がいが重い青年もいることから、言葉による説明だけでなく、具体的な活動を多く取り入れるようにした。

「男のからだ・女のからだ」をテーマに、前半では、①絵で男女を当てる、②模造紙にからだの型を取り各部位を描き込む、③下着や衣服を作って着せる、④発表する、⑤各自のプリントに自分のからだを描く、といった活動を行なった。

衣服をつけた二枚の絵を並べて「この人は男かな、女かな、どっちと思う?」と尋ねると、口ぐちに「女」と答えた。理由を聞くと、「髪が長い」「背が高いのが男」「肩が違う」「肋骨が太いのが男で女は細い」など出された。「どうしたら確かめられるかな?」の問いに、照れたり、ニヤニヤしたり、恥ずかしさが充満している。

山田がようやく「ズボンを脱がす」と答えることができた。山田がズボンを脱がす手元をみんな集中して見守るなか、予想に反してペニスが現われてにぎやかになった。こうして男女のからだの違いが性器にあることを確認しつつ、性器へのタブー視を少しずつ取り除いていった。性器の名称を問うと、「オチンチン」「オチョンチョン」「おまんこ」などの発言があり、前回習ったペニス、ワギナはすっかり忘れていて改めて学んだ。

おとなのからだに向き合う

床に拡げた模造紙の上にモデルになった青年が大の字に寝る。みんなでまわりをとり囲み、マジックでからだのラインに沿って線を引いていく。少しゆがんでいるが親しみのあるからだの輪郭が出来上がった。そのからだにわき毛や性毛、性器などを描き込んでいった。みんな集中して、自分のからだを見ては考えながら描いている。とてもよい時間が流れた。

男性のからだに髪、顔、あご、のどちんこ、へそ、へそ毛、わき毛、ペニス、こうがん、手足の指と爪が描き込まれた。それぞれに思いがあり、描き方にも個性がある。モデルの青年はとくに思い入れが強く、自分の顔に似せて修正していた。

女子グループは二人だった。ボディイメージが育っていない恵子は支援を受けて、苦労しながら乳房を描いた。導入の時に耳を塞いでいた由美もこの場面では「乳房」と言えた。

描き上げたからだに紙で下着や服を作って着せて「おとなのからだ」が出来上がった。最後に全体で発表しあった。

こうした活動を通して、「胸は?」の質問に「忘れちゃった。やっぱ覚えてる。乳房」、性器の名前を聞かれて「たま、急所だからけられると痛い」「(蹴られたとき)死ぬかと思った。プロテクター着けます」など自由な発言が飛び交うようになってきた。

性器の名称やからだの型どりの学習は小学生や中学生でも行なわれる。青年にはどう受け止められるのか、一抹の不安があった。しかし、青年たちは熱心に取り組み、おおらかに楽しみつつ、からだの名称などを仲間と共有していった。

男性のからだの仕組み

仲間とともにからだに親しみ、ボディイメージをふくらませたところで、月経や射精、自慰の学びへと進めていった。自分のからだに起こった二次性徴の意味を知り、からだのすばらしさに気づき、肯定できることをねらいに取り組んだ。

からだの絵本『おちんちんの話』（やまもと　なおひで／著、ありた　のぶや／絵、子どもの未来社）の読み語りを男女ともにじっと聴いていた。

続いて、絵を使って内性器の仕組みを説明した。「おとなのからだでは精巣で命のもとの精子が作られる。精液がペニスから出るようになる。射精という。おしっこと精液は同時には出ない仕組みがある。勃起はペニスに血液が流れ込んで起こる。包皮をむいてきれいに洗う」ことなど。さらに、「ペニスはさわって気持ちよい、射精も気持ちよいもの。自分で気持ちよさを楽しむことを自慰・セルフプレジャーといい、誰でもやってよいこと」と伝えた。セルフプレジャーをいつ、どこでやるか、絵を見て考えあった。精液については知識がなく、精液と尿が一緒に出ると言い張る青年もいた。

包皮を引いてペニスを洗うことができていない青年が多い。長く洗っていないために恥垢がたまり、剥がそうとすると強い痛みを伴うことから、いっそう洗えなくなっている。年齢的にも保護者の介入を拒否するので先送りにされてしまっている。

布制のペニス模型を使って、時間をかけて少しずつ剥いていくよう教えた。男性の授業者が「すごく痛いよね」と、自分の体験も交えて話し、安心感の漂う雰囲気のなかでの学習になった。「銭湯での実技指導を取り入れたいね」と今後の課題が出された。

女性のからだの仕組み

内性器の働きや月経のしくみ、ホルモンの作用によるからだのリズムの話は抽象的で、理解するのが難しい。できるだけ生活実感に即して伝えたいと考えた。

①エプロン教材で内性器の構造を説明する。②絵本『ふしぎ！　子のからだとこころ』（小形桜子、ポプラ社）の中から、月経に伴う女の子の気持ちを紙芝居にした読み語りをする。③精子の旅や受精の映像を視る。以上のような内容で進めた。

紙芝居の読み語りを男女ともにじーっと聞いていた。映像を見るのはみな好きだ。精子が泳ぐ様子や精子に比べると巨大な卵子など、イメージを助けてくれた。映像と自分のからだをどこまでつなげてとらえることができたかについては個人差があると思われたが、受精の瞬間に卵膜が閉じる映像では感動と驚きの声が上がり、映像を楽しんでいた。

全学年合同で男女別の学びの場を設けた際、女子のグループでは次のような会話が交わされた。

Ａ「生理の時、どうして痛いんですか？」

授業者「月経血を子宮の外に出そうとして子宮が縮むせいです。お腹を温めると和らぐよ」

Ｂ「生理はいつまであるんですか？」

授業者「人によるけど五〇歳過ぎまであります」

Ｂ「まだ三〇年も痛いんだ。わあー大変だな」

月経時に苦痛を感じていること、漢方薬や痛み止めを服用していること、月経の時は学校を休んでいること、現在は服薬のため、月経が止まっていることなど、自分のことが話され、月経の悩みや負担感を強く感じている人が多かった。月経は健康なからだのリズムであり、『アンネの日記』のように「甘美な秘密」と前向きに受け止めるには学びを重ねていく必要があると感じた。

他の就労している青年たちの会で学んだ際には、生理痛を訴える女子に「休んでいいんだよ。うちの会社では休むことができるって書いてあるよ」「でも私は休んだことない」などの会話が交わされることもあった。

通勤寮の学びの場では、女性が断われない、断わることを知らないで無理をして相手に合わせて付き合ってしまうという問題が青年たちから出された。女性がしっかり自分の意見が言えるようになること、断わっていいことも大事な学びの課題だ。学ぶことで、一人ひとり違うからだと心、生活へのいたわりが生まれる。

❷障害の学び

どの出前講座でも、性やからだのことが話せるようになるにつれ、自分のことを語る様子が見られるようになってきた。自分の話に耳を傾け、共感してくれる仲間がいることで、自分に向けられた理不尽な扱いへの憤りや悲しさなどが率直に語られるようになった。

近況報告・お悩み相談

学びを重ねて八年になる障がい児学級の同窓会（つくしんぼの会）では、近況報告から始まる。このなかで、はじめは通り一遍だった話の中に、職場での人間関係や家族との葛藤などが含まれるようになってきた。話すこと、仲間に聞いてもらうことで、自分を振り返り、お互いが理解を深めあっていく。話が尽きずに学習時間の半分を費やすこともあった。

自分の心に重く残っている過去の出来事も語られる。「女性の後ろを歩いていたら、女の人が警察に電話をして駅まで走って逃げたので逮捕された。愛の手帳とか、（午後）一一時まで話をされたことある。グループホームの職員が両親と迎えにきたことあります」との村田の話に「（自分は）前を歩くようにしている。

後ろでなく」と同様の体験をした生田が重ねて話す。誰もが人ごとでないと受け止めているのがわかる。タレントの暴行事件がテレビのニュースで話題になっていた時期には、「（加害者のタレントも）ここにくればいいんだよ。ぼくはだいじょうぶ、ここで勉強しているから」と母親に真剣に話したという青年がいて、私たちを感激させた。

悩みを出し合い、みんなに返したり、意見を出し合ったりする「お悩み相談」を行なった。以下は、出された悩みや交わされた会話である。

加藤「同僚から、『さっさと働いてよ』と言われた」

山下「私も『仕事遅い』とか言われる」

佐藤「『あんたのめんどうみるために働いてるんじゃないよ』と意地悪な人に言われた」

村田「どうしても健常者に見られちゃうので、『わざとやってんのか？』って言われる」

授業者「そんな時はどうしてるの？」

加藤「レインボーワークや生活支援センターに相談に行く。気持ちだけ和らぐ」

古河「どこかで爆発するかなって。過呼吸気味になったときはもう打ち切りました。仕事を辞めました」

山下「施設長さんに言う。施設長さんがいない日は『どうしよう？』と思う」

今井「雑音とか人の話とかでイライラする。そういう時は職員の許可をとって、（イヤホーンで）音楽聞くようにした」

記録担当は「本音を聞くことができた。自分の障がいや差別に悩み、苦労してはいるが、そのことに負けてはおらず、したたかに生きていると感じた。彼らは思いっきり、自分の怒りを話せることを楽しんでいた」

とこの日の印象を述べている。

「障害者手帳」――「障がい」を考える

福祉型専攻科で一年間の性の学びを経た二年目の後半、自分と向き合うこと、仲間と学ぶことが一定できてきたところで障がいの学びを行なった。

障がいのある著名人（乙武、ヘレンケラーなど）の写真を見て、自由に話した後、持参した障害者手帳をお互いに見合った。自治体によって手帳の名称も違っている。

授業者の「自分は障がいがあると思っている人？」の質問に、「思っている」五人、「思ってない」二人、「わからない」一人の手が挙がった。「障がいがあると思う」に手を挙げた五人のうち、迷わず手を挙げたのは二人のみで、三人はためらい、迷いながら手を挙げた。

横田は「よくわからない。ピンとこない」と言い、これ以後も「普通って何？」「障がいがある人が普通って何かやだ。むかつく」など、一貫して、自分や友だちの「障がい」そのものを認めたくない様子で、終始、興奮気味だった。

授業者「自分にはどういう障がいがあると思うか、発表してもらいます」

飯田「同時に二つの物事ができなかったりする。電話しながらメモをとるのは難しい。あと、まわりがうるさいと考えてることがうまく書けなかったりします」（発達障がい）

植木「（障がいと）言われていいです。……問題は顔洗うときに……うまくできなかったり……」（ダウン症）

丸井「私の障がい、必ずわからないことあります。難しい言葉、ちんぷんかんぷん。自分は声小さいとか、

何言ってるかわかんない。障がいもってない普通の子はわかりやすい」（ダウン症）
横田「（興奮気味に）普通って何？」
河田「私は弱視ってことなんですけど、障がいが軽いからいいんじゃないかと思って。神様に産んでくれてありがとうって思ってるし（「お母さんじゃないの？」のツッコミ）。でも、障がいって言われたくないです」
「自分の障がい」を話し、仲間の話を聞くうちに、身につまされたり、つらい体験が思い起こされ、共感している様子が見られた。しだいに親への反発心も言葉になってあふれ出てきた。
三井「親から、障がいあるくせに、って言われる。腹立つけど、障がいがあるからしょうがないと思ってがまんするけど、暴力はしないけど、イヤです」
大野「親も障がいがあると思う。腹立たしいとき」
飯田「父も空気が読めなかったり、自分の趣味にはまっちゃって。ネットで障がいも遺伝性があるものもあるって書いてあった」
授業者が「親も障がいがあると思ってるんだ。そう思う人は？」と問うとほとんど全員の手が挙がった。「じゃあ、お母さんも手帳あるの？」と重ねて問うと、みんな「ない」と言う。三井が「手帳作ってあげようか」と言い、「うちも！」「うちも」と大盛り上がりになった。
授業者「どうやらみんなは自分が障がいと言われるものに入っているみたいだと意識しているようですね。だけど、傷ついたり、嫌なこともあって、人間としての価値がないと言われているように感じていること、障がいがある人とない人の区別や差別があると感じ、『何で、区別や差別があるんだよー』と思っている人が多いことがわかりました」

授業者が「実は、私もいろいろあります」と忘れっぽいことなどのエピソードを語ると、青年たちから「わかるー」「自閉症じゃない？」などの声があがり、全員大盛り上がりのうちに一回目の障がいの学びを終えた。授業者と青年たちと同じ目線で語りかける進行で、当人たちが最も気にしている「障がい」の学びが受け入れられていった。

障害者権利条約

前回の振り返りのなかで、「ふつうって何？」「障がいという漢字をどう感じるか」「差別と区別」などについて意見を出し合う。

「ふつうってどういう意味？　すごい気になる。ふつうの意味わかんない」「病気もってる人からみて、病気がない人がふつう」「人間は何かしら障がいがあると思う」など、言葉の意味を調べたりしながら、活発な発言が続いた。

「障害」を板書して、「この言葉はどう感じる？」の問いには「障はいいけど害はやだ」「障もやだ、すげえ悪口だよ。どう考えても」「石偏のやつ、障碍がいい」などが出された。

授業者が「世の中では障がいのない人を『ふつう』のような言い方をしているね。結論出すことじゃあないから、ここまでにしますが、違和感があるってことだね。『障害者権利条約』知ってる？　ここにはこう書いてある。『六人に一人に障がいがある。障がいのある人も普通の人です。特別な人間ではありません』」と読み上げると、横田が「そのうちの五人て幸せだね」とボソッと言い、本音が初めて聞かれた。

授業者が一人ひとりの障がいを訊いていく。

「アスペルガー」「私はダウン症でモザイク症」「未熟児網膜症の弱視です」「わからない」「知的障がいって言われたことあります」などの発言が続いた。横田はここでも「興味ないから知らない」と言っていた。

授業者「いいんだよ。今、出たような一人ひとりの障がいのみで障がいというのではありません。例えば、飯田君が言葉が早く言えないってあったけど、ゆっくり言えばすむことですね。弱視の河田さんがどうしたらみんなと同じように幸せに生きられるか社会が対応することを考える。これができないってことが障がいなの」

授業者の語りかけをかみしめるように、シーンとして聴きいっていた。横田が「なっとく。差別されたりとか、社会の側がわかってくれない」と初めて言った。授業者の「自分たちのことだけじゃない、社会の側に問題がある。そこでお願いです。理解してもらう、社会を変えるためには何をしなければいけませんか？人まかせではダメ、どう伝えたらいいの？」の問いかけに「自分が発信する。訴える」と飯田が答えた。

授業を終えたインタビューや感想文では「難しかった。障がいは自分だけのものじゃない。みんなの幸せが社会の幸せとつながる。自分のせいでもない。お母さんのせいでもない」「疲れた。けどよかった」「（今の自分が）ナイーブ、すぐ泣きそう。いつまで続くのか。でも、伝えないとわかってもらえない」などが述べられ、考え、心を動かした学びであったことが感じられた。

「本（権利条約）はうそだ。やっぱりいじめられるよ」と言っていた三井は、以前は手帳を持ってくるのも嫌がっていたがこの日は持って来ていた。自分の中の障がいへのタブー視が少し減ってきていることが感じられた。

授業者は障がいの学びは自分だけでなく社会との向き合い方の学びと位置づけて授業を進めてきた。授業を通して、これまで生きてきた過程での理不尽さ、つらさを意識し、語り合う様子がみられた。意識下に潜らせていたことやゆがんだ形になっていることも、集団の中で、これまでの出来事やその時の感情を引き出し合い、共感したり、怒ったりする姿があった。こうしたことそのものが大事だったのだと思う。自分の大変さにうまくつきあい、どうやったら軽減できるか。障がいからくる大変さと相談する場、相談できる人づくり、まわりへの働きかけ、何度も確認していくことが大事なのだと考えている。

平和と人権は性教育を支える柱である。今、日本はそのどちらもが危うい状態になっている。貧困も性をとりまく環境を悪化させている。未来への希望や展望がもてない社会状況のなかで、青年たちは自分の将来に不安を抱えて生きている。

一〇年後の自分の生活を予想して、「出会いがなく、こどくすぎること」「お金が足りないこと」などを心配しつつも、「結婚できなくても、きちんと運動して、働いている」「四五歳になっても仕事をがんばり、彼女をさがす」と自分自身にエールを送っている。

旅芸人は半数が七〇代になった。青年たちとの性と生の学びは硬くなりがちな思考にしなやかさを呼び戻してくれていると思う。自らの老人の性に向き合いつつ、「セクシュアリティの学びは一生もの」だと思っている。

＊本稿の登場人物はプライバシーを考慮して仮名とした。

5 青年の思いと願いをよりあわせて
――当事者活動と歌づくり

東京都町田市では、一九七四年から公民館における社会教育事業として「障がい者青年学級」が創設・運営されてきている。当初二〇人で始まった青年学級は、現在約一八〇人の参加者と約五〇人の支援者（担当者）とが三学級に分かれて活動している。現在も参加を希望する青年やその家族が後を絶たない。

しかし、支援者の組織や会場の確保など、すべての青年たちの参加を保障するための条件を整えることにはつねに困難がつきまとっていた。そのため、新たな参加者を迎え入れることができない状況が数年続いていた。こうした状況の中で、「青年学級」という枠を超えた青年・成人期の学びの場づくりが要請され、二〇〇四年に「青年学級卒業後」の学びの場として「とびたつ会」が誕生することとなった。

本稿では、とびたつ会がつくられた経緯と現在の活動を紹介する。とりわけ、本会の中心的活動のひとつである「歌づくり」という実践、すなわち、彼らのねがいや思いを「歌詞」として言語化し、共有していく取り組みに焦点をあて、この活動をとおして青年・成人期を生きる障がいのある人たちの現実と意識に迫っていきたい。

1　広がる当事者活動

二〇〇三年度、町田市公民館運営審議会は「障害者青年学級の将来的在り方について」を答申した。そこには「将来を見据えた事業展開の在り方」として「『発展学級』の創設」が掲げられ、「『卒業』ではなく『進級』」というかたちで「青年学級卒業後の学びの場」が構想されていた。

この頃は、当事者活動が盛んになっていった時期でもあった。一九九〇年八月には当青年学級の高坂茂さんが、ＩＬＳＭＨ（国際精神薄弱者育成会連盟）第一〇回パリ大会に参加した。高坂さんは、初めて日本から参加した五名の知的障がい者のうちの一人である。また、ＮＨＫ厚生文化事業団のスウェーデン視察にも高坂さんと女性メンバーが参加した。

さらに、ピープルファースト運動が紹介され、青年学級に参加する複数のメンバーがアメリカへ視察旅行に出かけた。ピープルファースト（People First）とは、一九七三年にアメリカでの知的障がい者の会合で「わたしは、障害者としてではなく、まず人間として扱われたい」という言葉がきっかけとなって生まれた運動である。日本では一九九五年に地域での活動が始まり、二〇〇四年にピープルファーストジャパン結成大会が開かれ、全国組織が誕生した。

こうした当事者活動に参加するメンバーが少しずつ増えていき、「町田でも本人活動の会をつくろう」という声が上がり始めた。そして、二〇〇四年二月に準備会がスタートし、四月には第一回の「本人の会」を開催、二一名が参加した。五月の二回目の集まりで「とびたつ会」という名称に決定したが、先述の町田市公民館運営審議会の答申を受けて、「この会のメンバーは青年学級には参加しない」ということにしたため、「とびたつ会」のスタート時のメンバーは八名であった。

2　とびたつ会の活動

❶初期の活動

〈青年学級三〇周年事業〉

とびたつ会の最初の活動は、公民館に青年学級の三〇周年記念事業を開いてもらうことであった。異動で入れ替わる公民館職員には、青年学級三〇年目のこの年がメモリアルな年であるという認識がなく、予算化もされていない状況であった。そこで、とびたつ会では、要望書を作成し公民館長に提出した。さらに、とびたつ会が呼びかけて、青年学級のメンバーとともに実行委員会を結成し、手作りの三〇周年記念イベントを一〇月三一日に開催した。

〈コンサートの呼びかけ〉

翌年の「第一二回若葉とそよ風のハーモニーコンサート」も、とびたつ会から青年学級に呼びかけて準備をスタートさせた。このコンサートは、青年学級の活動の中で出し合った仲間の思いをオリジナルソングにし、市民ホールの舞台からアピールするもので、一九八八年からほぼ隔年に実施している。毎回、支援者側からの働きかけで準備がスタートしていたが、とびたつ会ができたことで、主体的に動き出すかたちができていったと言える。

〈青年学級との関係〉

当初の活動は、青年学級と同日の第一・第三日曜日の月二回、公民館の一室を借りて行なっていたため、青年学級との明確な違いはなかったかもしれない。二〇〇五年からは、参加者が増えたことに加え、青年学級とは独立して定期的に開催することを目的とし、会場を別にした。そこは公民館から歩いて五分ぐらいのところにあり、青年学級終了後のお茶会を実施している場所でもある。

二〇〇七年には、実施日を第二第四日曜日に変更した。これにより、青年学級ととびたつ会の両方に参加する人も現われ、交流できるようになっていった。青年学級のボランティアスタッフの手を借りることで、支援体制も充実した。青年学級は相変わらず狭き門であったため、青年学級を経験しないでとびたつ会に参加する人も増え、規模と活動が拡大した。その後も参加者は増え続け、多い時には三〇名を超えるメンバー登録があった。

とびたつ会結成一〇年目を迎えたとき、あらためて「青年学級卒業後の学びの場」をつくるという初心に立ち返り、「青年学級を卒業した人で構成する」ということになった。それ以降、二〇余名で活動を続け現在に至っている。

❷現在の活動

〈メンバー〉

参加するメンバーは二〇代、三〇代が中心だが、六〇代の方までいる。家族と暮らしている人が多いが、グループホームで生活する人も増えてきている（七名）。なかには、ヘルパーの介助でアパートでの一人暮らしをはじめた人もいる。福祉作業所で働く人は二二名、一般企業で働く人は三名である。

〈主な活動〉

イ．集会への参加

ピープルファースト運動がきっかけだったということもあり、活動当初はピープルファースト全国大会に参加していた。二〇〇九年東京大会では、準備の段階にもかかわった。また、年に一度開催される全国障害者問題研究会全国大会や社会教育研究全国集会にも、内容や会場によって参加してきている。

ロ．とびたつ会をアピールする活動

活動当初は、とびたつ会を知ってもらうと同時に活動費を得るために、映画会などのイベントを町田市民フォーラムのホールを会場に開催した。

その後、歌をつくるようになると、さまざまな団体のイベントに招かれるようになっていった。そのイベントでは、歌をうたうとともにとびたつ会の活動を紹介している。

ハ．学習会の開催

その時々の課題について外部の講師を招いて学習会を開催している。主なテーマは、自立支援法、被爆体験談を聞く、障害者権利条約、成年後見制度、国会の役割、被爆体験談を聴く、性と生、津久井やまゆり園事件、ハンセン病、などであった。

3　仲間の思いを歌づくりに

❶青年学級での歌づくり

とびたつ会では、上記の学習会での学びの感想を述べあったり、日々の生活から生まれるねがいや思いを出しあう機会をつくっている。そして、感想や思い・ねがいを「歌詞」として言語化し、「歌」にしあげることで、一人ひとりの思いやねがいをみんなで共有することを大切な活動として位置づけている。

こうした「歌づくり」は、すでに青年学級でも行なわれてきた。歌をうたったり聞いたりすることが好きな青年たちであるが、青年学級の活動当初は、彼らがリクエストする歌は職場の人がうたっていた歌謡曲や演歌などであった。これに対して、学生がほとんどであった支援者側は違和感を抱いていた。そこで、支援者はうたごえ運動でうたわれた「青春」「たんぽぽ」「とびたとう」などを紹介し、活動の中で一緒にうたうようになった。同じ青年としての生活に根差した歌詞をともにうたうことによって、やがて青年たちは替え歌などで自分自身の言葉を歌にするようになっていった。

一九八五年、青年学級にコース制が導入され、音楽コースや劇ミュージカルコースがつくられた。そして、一日を通して自分が選んだコースの活動に集中できるようになり、その中で歌づくりにも取り組むようになった。例えば、「ともだちのうた」は、友だちとは何かを語り合いそれを歌詞にした歌であり、「ぼくらの輝き」はメンバーの輝くシーンを歌詞にしてつくられた歌である。一九八八年からは、「若葉とそよ風のハーモニーコンサート」を町田市民ホールで開催し、青年たちがつくった歌を発表する機会にしている。(注)

❷とびたつ会での歌づくり

この流れを受けて、とびたつ会でも歌をつくり、さまざまな場所で発表するようになっていった。以下に「とびたつ会」がつくった歌の一部と、歌づくりについて紹介する。

「とびたつ会のテーマ」

二〇〇四年に「とびたつ会」ができて、最初につくった歌である。当時の女性参加者が語った結婚についてのあこがれと、とびたつ会のこれからの活動への思いを歌詞にしたものである。

とびたつ会のテーマ

作詞・作曲／とびたつ会

1すてきなあの人と結婚したいな
きれいなウエディングドレスをきて
ふたりでしあわせな家庭をつくりたい
わたしの夢をかなえたい
みんなの力をあわせて
一歩ずつ　夢にむかってとびたとう
とびたとう　とびたとう
とびたとう　未来へ

2ここにあつまってみんなでかたろう
仕事に生活　お金に食事
自立ってなに？　権利ってなに？
自由なくらしをかんがえよう
みんなの力を　あわせて
一歩ずつ　夢にむかってとびたとう
とびたとう　とびたとう
とびたとう　未来へ

「キレイな空」

二〇〇八年、仲間の結婚をきっかけに性と生の学習会を三回にわたって行なった。ある参加者が次のような感想文を書いてくれた。

「新しい命は誕生したばかりのことは針の先くらいの大きさと聞いてびっくりしました。パネルを使ってまだ赤ちゃんが外の世界にでてくる前のお腹の中で育っていく様子を見るのはとても不思議な気持ちになりました。ビデオで赤ちゃんができてから生まれるまでを見て驚きとか感動とも違う不思議な感覚がしました。新しい命が生まれてくるのはすごいことなんだなあと思い、明日からいろんなことに前向きに挑戦し、がんばっていけるような気がして、毎日を一生懸命に大切に生きていきたいと思いました。」（参加者の感想文）

この感想をもとに作った歌である。

キレイな空

作詞・作曲／とびたつ会

※キレイな空　かがやく空
生まれたときと　おんなじ空

1晴れわたるきれいな空の日に
元気いっぱい　私はうまれた

2朝おきて仕事にでかける
ゆうがたかえって家族とだんらん
休みの日にはともだちとでかける
食事にカラオケ　遊園地

家族みんながよろこんでくれた
新しいいのちの誕生を
アルバムをひらけばつたわる
たくさんの人にめぐりあい
大きな愛につつまれて　※
いままでそだってきたことが

あたりまえのことがうれしい
泣いて笑っていきている
いやなことにもにげださず
前にむかっていきていこう

ときにはつらいこともある
※　なみだにくれた日もあったけど
生きてこその人生さ
私のいのち　かがやかそう
※

「つながるいのち」

二〇一二年秋に新しい出生前診断のニュースが流れた。これを機に助産師さんを招いて学習会を開いた。その時の感想文である。

「出生前診断を初めてテレビで見た時は検査を受けお腹の子どもに障害のあることがわかり、その場で泣き崩れた妊婦さんの姿は衝撃的で、妊婦さんはショックだったろうし、生まない選択をしてしまうことも仕方ないのかなと思いましたが、どこかモヤモヤした気持ちも残りましたし、障害の有無を調べるためだけの検査という印象が残りました。

でも今日出生前診断の学習会をして正しい話を聞いたことで、その印象が変わりました。出生前診断とは出産前に受けるいくつかの検査のことをいうのだと知り、障害の有無を調べるだけでなく、母体を守るために行なわれる時もあり、赤ちゃんが健康に成長出来ているかを見るために行なわれる時もあり、生む生まないの選択もお母さんを守るためにする場合もあることがわかり、感じていたモヤモヤが消えていくのを感じました。それくらい初めて見た出生前診断の様子がショックだったのです。でも命の重さと大切さを考えたら出生前診断が良いのか悪いのかの答えは簡単に出す事はできませんし、私は医者でもなければ研究者でもないから直接自分の手でお母さんや生まれてくる子どもの命を救うことは出来ません。

でも意識を変えていくことは出来るかなと思います。出生前診断を受けたことで、もしもお腹の子どもに障害があるとわかった時どんな子であっても産みたい、育てていきたいと思えるように一人一人が優しさと暖かい心を持って接していける、皆の小さな優しさでお母さんがこれなら赤ちゃんを産んで安心して育てていけると思ってもらえるような社会にしていけるように、特別なことではなく電車の中で隣にいた赤ちゃんの笑顔に「可愛いですね〜」と言うだけでも良いし、両手に荷物を持って大変そうな人がいたらドアを開けてあげるだけでも良いし、小さなことでも良いから積み重ねていく事が大切なのかなと思いました。」（参加者の感想文）

この感想をもとにつくった歌である。

つながるいのち

作詞・作曲／とびたつ会

※いのち　いのち　いのち　輝けいのち
願いと理想の未来へ　つながれいのち
1生まれたいのちは　みんな大切だから
みんなで手と手をつないで
支えあっていこう
つながる輪から　パワーがあふれ
未来へといのちをつないでいくでしょう
※

2泣いている人がいたら　となりにすわり
楽しいことがあったら　一緒に笑おう
笑顔は心の栄養だから
いっしょに笑って元気になりましょう
※

「ひまわり」

二〇一五年二月、隔年で開催している「若葉とそよ風のハーモニーコンサート」の準備段階で、生活の中の辛さを語り合ったときに老人ホームで働く参加者が作文を書いた。そこから生まれた歌が「ひまわり」と「ぶつかって　つながって　ひろがって」である。

「人とのつながりがここにあるから私は毎日がんばれる。七年間きびしさの中にあるあたたかさを感じたからつづけてこれた。私を応援してくれる人の気持ちに応えて、安心してまかせてもらえる仕事ができるようにもっと努力していきたい。仲間とは、きっとつながっている。遠くはなれていても歌声はとどく。遠く離れていても気持ちは歌声にのって仲間の所へ届く、歌声は仲間と仲間をつないでくれる。上司いわく「きつく強くあたってきたけど、それは見込みがあるから」。最初は泣くこともあったけど、くやしいからで、こわいからではなかた。きびしさの中に暖かさを感じたから、七年間この仕事を続けてこれた。」

（参加者の作文）

ひまわり

作詞・作曲／とびたつ会

1ちぎって　ミキサー　グルグル
型にながして　水切り
アイロンあてて　ハガキができる
かみすき　ぼくの仕事
休みの日にはでかけて
仲間といっしょにすごす
うたって　おどって　かたりあって
たのしいぼくの時間
親元はなれ　グループホーム
一人暮らしをはじめる
つらいときも　ゆうきがもてる
仲間がいるから
※私は私の人生いきる　私は私の人生いきる
ひまわりのように　私は生きる
太陽むかって元気にうたう※

2人とのつながりがあるから私は毎日働く
厳しさの中にあるあたたかさ感じながら
応援してくれる人の気持ちに応えて
まかせてもらえる仕事を
増やしてゆきたい
雨がふっても　かなしいときも
歌をうたえば　晴れるさ
どんなときも　笑顔になれる
仲間がいるから
※

「ピッカピカのこころ」

二〇一六年七月に起きた津久井やまゆり園事件は衝撃的な事件であった。直後はどのように話し合い、取り上げるのか難しく、時間が過ぎていった。一〇月になって、コンサートの実行委員会を青年学級の人たちと合同で開く機会があり、青年学級の人たちから、やまゆり園事件のことをコンサートでも取り上げたいという発言があった。また、同時期に、事件に対する当事者の意見をまとめたいとの原稿依頼もあった。そこで、事件のことを共有するために講師を呼び、学習会を開くことにした。以下はその時の参加者の感想である。

「他の人や違う立場の人の思いを想像することは本当に大切なことだと思う。これからもそんな機会をたくさんつくっていきたい。それが優生思想を乗り越えていくためにいちばん必要なことではないかと思った。」

「今回、優生思想ということがあるということを認識していない人にもわからせてしまった。それを払拭するためには、一人ひとりの命の大切さ、すてきさを音楽、絵、文章など、とくに障害のある人からの発信で人々の心に訴え続けることが必要と思った。」

「差別の心は私たちにもある。ふとしたときに忍び寄る。だからこうして勉強したり、いろんな人と話したり、他の人の思いを想像することが大切だと思った。」

「少し難しかった。一番良かったのは、家族の思いや職員の思いを想像したところ。想像するのはむずかしいかなと思ったけど、一生懸命考えた。」

「ぼくにとってこの事件のことを話すことはとても不愉快なこと。でも、なかったことにしてしまうことの恐ろしさは不愉快さを超えて、ぼくの気持ちを突き動かした。ただ、このことにふれるのはやっぱり怖いことなので、自然に言葉が少なくなってしまう。伝えたいことは山ほどあるのでここで伝えたいと思います。この事件がぼくたちの置かれている状況をさらに悪化させたとは思わない。自分たちの置かれている状況を再認識することになった。ぼくのようにこうして思いを出して生活できる人もいる。だから名前を報道してほしかった。ぼくたちは、この社会で生きていく上でどうしても差別の問題と直面しなければならない。そのときぼくたちはどうやって自分自身の誇りを失わずに生きていけるのだろうか。その答えのひとつは、今回のコンサートのなかにあります。仲間の大切さとぼくたちの思いを社会に届けることの重要性です。力をつくしますので応援してください。」

「ぼくが殺される側の人間だということをリアルに突きつけられた。この切迫した状況は当事者じゃないとわからない。だからだれよりもこの問題を考えているということをこうして伝えたかった。お話しの間で、ときどき大きな声を出したりしてごめんなさい。でもぜんぶ聞いていました。ぼくは傍観者ではない。自分の問題として事件の推移をみている。ぼくたちの言葉の重さをみんなに伝えてください。」

「私たちは意見を自由に言うことができないので、理解していない人間だと思われがちです。でもこの問題をだれよりも考えているのは私たちです。私たちが考えた結果は歌にします。この問題の背景には出生前診断、命の選択という問題が色濃く横たわっていることに関心をもってほしい。この事件のことは一人で考えていると怖くなるので、こうしてみんなで勉強できてよかった。知らなかったこともいろいろわかった。」

（＊介助付きコミュニケーションによる発言を含む）

津久井やまゆり園事件から一年経過したところで、あらためて学習会を開いた。学習会のテーマは「だれもが『生きていてよかった』と思う社会をつくる～人権と平和と憲法と―そして主権者である私たち」であった。

「池上洋通さんの話を聞いて。今日の学習会の最初にどれだけの人が東日本大震災の時に支援に来てくれたのかという話がされていたのが印象に残りました。池上さんの人と人が助け合うことが平和に繋がるという言葉がスッと自分のなかに入ってきて、相手に対して優しさをもつことの大切さを感じました。他にもオリンピックで大事なのはメダルを取ることではなくスポーツを楽しむことという言葉はとてもステキなことだと思ったし、海外では車椅子の議員さんがいる国もあるということ、選挙に出ることも出来るんだという話は全く頭になかった大きな話が出て驚いたけど、昔から学校に行っていても今仕事をしているなかでもお世話になっているという気持ちを抱えているところがあったと思うので自信をもって、やりたいことを言葉にしたり挑戦してみていいんだなと思えた。」（参加者の感想）

歌「ピッカピカのこころ」は、事件を受けてその辛さを表現するのではなく、一人ひとりが輝く存在として、社会の中で生き、希望を発信し、平和をつくり上げようと話し合いつくった歌である。

ピッカピカのこころ

作詞・作曲／とびたつ会

※ピッカピカのこころは
キラキラの私のもと
ピッカピカのこころが
キラキラの明日をつくる

いのち輝かそう（いま）
世界につたえよう（いま）
私はいきている（いま）

みんなと手をつないで
夢をかたりあおう（明日へ）
希望をみいだそう（明日へ）
平和をうたおう（明日へ）
つばさをひろげよう

きのうのつらさのりこえて
私は私を生きてゆく
みんなの笑顔を信じて
私は私を生きていゆく

※

4　歌づくりが育む力

障がいのある人たちに学校卒業後の学びの場を保障することの意義が主張されるようになって久しいものの、全国的にみればまだまだ充実しているとは言えないだろう。町田市では、全国的にみても早期から青年学級をつくり、さらにここで紹介したように「青年学級卒業後の学び」の場をつくり実践を継続してきた。

青年・成人期になっても、強い学びの要求があり、学びを通して自分にも他者にもしっかりと目を向け、日々の生活や社会の出来事の奥に潜む真実を見抜く力を着実に築いているのではないだろうか。

そのような力の土台に、歌づくりの実践が大きく関与していると考えられる。学習したことの感想、あるいは一人ひとりの生活実感をただ述べあうだけではなく、思いやねがいを重ねあわせて歌という文化に昇華させ、それをともにうたうことで、自分を肯定し、仲間への共感がうまれていく。さらには、他者の思いやねがいを自分のこととしてとらえるそのパワーが、コンサートに集う聴衆にも共感を広げていくかのようである。

社会教育の実践である青年学級もとびたつ会も、日常の家庭と職場を離れて、客観的に自分をとらえなおす時間であるとも言える。仲間と普段の生活を語りあったり、ときには学習会を開いて関心のある話を聞くことで、「私」の感じ方・考えが生まれ、そしてそれを発信し、他者の感じ方・考えと照らし合わせる。ときには対立することがあっても「私」は否定されることなく、安心して存在できる場となっていることで、一人ひとりの個性が輝き合う場になっているのだと、今回の執筆をとおしてあらためて感じている。

【注】柴田保之「障害者青年学級の創作歌——民衆文化の創造の試みとして」國學院大學教育学部研究室紀要第三二号

第3章 青年期の自己のゆらぎをみつめ学校を問う

1 高校における「発達障がい」の青年たちへの支援
――青年たちの姿に学びながら

私は一九八一年に高校の国語教諭として東京都に採用され、都立の養護学校（現在の特別支援学校）に勤めていた。肢体不自由児、知的障がい児の養護学校を経て、児童精神科専門病院である都立梅ヶ丘病院（二〇一〇年閉鎖）の院内学級である都立青鳥養護学校（現都立青鳥特別支援学校）梅が丘分教室（以下、分教室）に配属された。そこで一一年、入院している小中学生を教えていた。

中学生を担任して、教え子の高等学校入学後を知る機会があった。そのころは広域通信制高校などもまだ少なく、子どもの多くは都立の定時制や私立の高校に入学していたが、中退する子が多かった。分教室から旅立っていった子たちが、望んで入学した高校で学ぶことができなくなるのはどういうことなのだろう。そこから、私はチャレンジスクールの教員の公募に応募して、子どもたちの行き先を見届けてみたいと思った。

1　チャレンジスクールとは

私は二〇〇五年から二〇一二年まで、ある都立チャレンジスクールに勤めた。

チャレンジスクールは不登校や中退経験のある人でも学び直しがしやすいように配慮されている、東京都の定時制、単位制総合学科の高等学校である。東京都は他にもエンカレッジスクールなど特色のある高校をいくつかつくっている。チャレンジスクールと同じような高等学校が他の自治体にも設置されていると聞いている。それらは通常の高等学校の範囲内で特色をもたせた学校で、特別支援学校ではないので、支援のための教員の加配や特別支援教育の専門職はいない。不登校や障がいがあることが入学の要件でもない。チャレンジスクールは、定時制といっても昼夜間の三部制で、全日制と同じ朝の時間から夜の定時制の時間まで授業がある。

単位制でほとんどの授業が学年と関係なく選択できる。総合学科で、幅広いジャンルの授業があり、最低限の必修科目以外は自由に選択できる。私が勤めていたころは、一般的な教科の他に演劇やジャズダンス、福祉保育関係の科目、美容（エステ）、園芸、中国語、韓国語、茶道、望遠鏡を利用した天文などの科目があった。

チャレンジスクールは入学選考に内申書は必要ない。学力試験でなく面接と作文が課せられた。そのため中退や不登校経験の子どもと、内申点と学力考査がないことで学力に自信がない子どもが多く受験してきた。ただし、面接と作文しか評価の対象がないことは、逆にその中での競争が厳しくなる。また出席と単位修得を前提とした定時制の高校なので、一定の出席数や単位が認められる程度の学業成績がなければ卒業はできない。

2 チャレンジスクールに入学した生徒

開校二年目、生徒の八割近くは女子だった。自分が担任した一年生のクラスの七割の生徒に不登校経験があった。他のクラスでも不登校経験のある生徒が多かった。欠席が多いために内申書や学力に自信がなくても、作文と面接の自分の力で都立高校に合格したことは自信につながっていたようだった。授業で「私の合格体験記」を書いてもらったが、ふだんは作文を書かない生徒も受験の辛さや合格を家族と喜んだことなど、生き生きと表現していた。

六年かけて卒業することもできるのだが、ほとんどの生徒が最短の三年卒業をめざしていた。全日制高校の「三年卒業」がどうしても意識されるようだ。単位制で落第はないので、取れなかった科目は翌年以降取り直せばいいのだが、学年が上がると卒業を焦るために前年に落とした科目を全部新年度に申請し、限度いっぱい、とうていこなせないようなハードスケジュールの時間割を組む生徒もいた。

生徒には、働いている成人、わずかだが高齢の方もいるので、年齢は同じでない。他にも芸能関係などで仕事が忙しくて授業に出られる時間が限られるため、この学校を選んだ人もいた。精神疾患を抱える人、自傷行為がある人もいた。睡眠障がいに悩む生徒は多くいた。週末に不安定になるのか、金曜の夜は毎週と言っていいほど何かが起こっていた。生徒が学校を飛び出し、駅で泣いていて、教員が迎えにいくこともあった。

特別な加配や体制はないなか、高校の教員としてできる対応をしていた。

私が勤めていた当時、生徒たちの多くは不登校の期間が長いためか、学校文化に慣れていない様子が見られた。一年生にプリントを配布すると、自分の分を取って列の後ろの席に送るということを知らなかったり、体育で「集合」と声をかけられたときに何をしたらいいかわからなかったりした。それは障がいとは関係ない、ただの未経験で、時間の経過で慣れていった。

不登校からリスタートしたことで学校生活に理想を求める生徒も多かった。真剣に授業を受ける生徒は多かった。それは一般的には良いことなのだが、障がいがあってもなくても過緊張状態の子が多くいた。毎日全力で授業に出ると、へとへとに疲れるようだった。

開校当初、校則ははっきりとはなかったが、不真面目に見える級友を「特別指導すべきです」という生徒もいた（高等学校の「特別指導」とは、暴力、喫煙などの触法行為をした生徒への、特別の生活指導である）。教員に対しても見る目が厳しく、授業アンケートの評価には時々教員への非難が書いてあった。が、実際は教員は頼りにされていて、よく相談を引き受けていた。

不登校や中退の経験が理由かはわからないが、他人の痛みには敏感に共感する生徒が多かった。また、ちょっと変わった生徒やマイノリティをそのことを理由に排除しないで受け入れていた。

性的なマイノリティーの生徒も入学していた。カミングアウトしていた生徒はもちろんいたが、そうでなくてもジェンダーにとらわれない姿もあった。自称が「オレ」の女子、「アタシ」の男子もいた。それでからかわれたりいじめられたりすることもなく、自然に受け入れられていた。私の個人的な印象であるが、男子の中で、もの静かなために同性にからかわれることが多かったような人が、同性からも異性からも干渉されないで、気の合う友人とほっとして過ごせていた。

3　発達障がいの生徒の苦労

❶障がい理解について

生徒の中に発達障がいの診断のある人、発達障がいの疑いのある人も含まれていた。

発達障がいの人たちの苦労は、発達障がいをある程度知っている人からも知らない人からも当事者の気持ちに寄り添って理解されないことなのだと思う。

「発達障がいとはこういうものだ」という、固定観念や偏見が先にあることで、実際の「その人の姿」が見てもらえないことがよくある。発達障がいのある人はあいさつができない、人の気持ちがわからないと思われがちである。が、実際、私が都立高校で会った発達障がいの生徒は、丁寧すぎるほどのあいさつをし、礼儀正しい。実は「暗黙の了解」を感じて、それに従おうと努力している。日本の学校ではめだってしまうと周囲に受け入れられないという「空気」を、発達障がいのある子も敏感に感じている。今の私は学生を相手にしているが、彼らに聞くと、小中高の学校では黙ってみんなについていくことを求められて、自分からは動かないようにして、無事に過ごせたと話している。その子たちなりに苦労しながら生きてきたのだ。

また対人関係の拙さや、こだわりなどの特性を、家族の育て方の問題にする風潮がまだある。独特の特性そのものが障がいなので、育て方がどうであっても、こだわりや過度な緊張、一方的な言動が出てくる。特性の表われ方の個人差が激しいため、個人の育ちの問題に受け取られがちで、障がい特性として理解されにくい。その特性も、ふだんからめだちやすいものから、平常はまったくわからないが特定の場面でのみ明確になるものもある。ある親御さんは「発達障がいは他の障がいと違って、何が同じ障がいなのかわからない」と語った。同じ障がい名であっても、それほど一人ひとりの姿が違う。ましてや思春期以降は生活の歴史も重なって、一人ひとりまったく違う。

「障がい認知」ということが話題にされることがある。特別支援学校と違って健常の子どもに囲まれているから、子どもや家族が障がいが認められないと思われそうだが、当事者は自分のハンディキャップは身に染みている。「障がいを認めない」（ハンディキャップを許さない）学校や社会の雰囲気を敏感に受け止めて、ハンディキャップがめだたないようにしているだけのようだ。高等学校の段階になると、一見したところで誰が発達障がいかはわからない。

障がいが適切に理解されないとこんなことも起こる。ある子どもは建物に入ると落ち着かないので、小中学校の見学では中に入らないで待つという約束で育ち、進学先でも級友と一緒に建物に入って見学することは一切しないという。外から見えにくい障がいの場合、他の子とまったく同じ扱いにするか、できないから参加させないか、という処遇にされがちである。all or nothing のどちらでもなく、「本人のやり方で参加する」方法を探る必要がある。

❷発達障がいの生徒の苦労——授業で

チャレンジスクールに入学するような子どもたちは、授業に個別の扱いを望んでいるわけではない。適応教室や通級など取り出しの指導で安心して学べたという生徒もいたが、授業がまったくわからないわけでもない。得意な科目では通常学級の他の子どもより成績がよかった子どももいる。ただ、他の子どもと同じように「全時間静かにじっと座って、きれいにノートをとって、時間どおりに作業をすべて終わらせて」というのは難しい。どこかでその子にあったやり方で参加できるようにしてもらう必要がある。

別の青年から聞いた話だが、発達障がいで黙っていることはできないが、中学の時、たくさん質問しても答えてくれる先生がいて、その教科が好きになったという。その青年は個別でその教科を教えてほしいのではない。集団の授業の中でその子を生かしてくれることが、学びの意欲につながったのだ。

一方では障がいとして理解されないため、すぐに「努力不足」と思われてしまう。グレーゾーンで現時点では診断がつかないとなるとなおさら本人の努力の問題にされやすい。授業中、ノートがとれない生徒は多くいるが、その理由はさまざまだ。視力や手の運動機能の問題でもなかなか気づかれない。書字障がいや、注意が持続しないこと、さらには二次障がいとしての表現への抵抗感などは気づかれない。ノートがとれないと困るのは、授業の内容を忘れることではない。そこは教科書に書き込むなど、必死に対応している。「ノート提出」が課題で課せられていると、たとえ試験の成績が良くても、ノートが書けていないことで減点されてしまうことがあるのだ。

ADHDの診断のある生徒が、入学考査もノートも大部分は平仮名で書いていた。空間認知の特性などで、どうしても平仮名しか書けないが、「平仮名しか書けないから、内容を理解できない」と判断するのもまちがいで、その生徒は三年で卒業し進学した。

本来の特性だけでなく、高校生、成人になるほど二次障がいを抱えて苦労している人も多い。二次障がいとして文章を書くことができなくなってしまった生徒がいた。中学時代、不登校になって受診、発達障がいの診断もあった。中学時代にはいじめも受けたらしい。作文が入学考査であったので、そのときまではなんとか書いていたのだろうが、入学後は自由記述の課題や試験が一切白紙だった。まじめで全体的には成績もよいのだが、不安を感じると授業を中座したり、試験用紙を突然破いたりした。試験の結果を担任がほめると、「(成績がいつも良いことを)期待されているようで嫌だ(負担を感じる)」と話していた。その生徒は毎週スクールカウンセラーを利用し、文章が書けるようになったわけではないが、学校生活を続けられたのにはカウンセラーの支えが大きかったと考えられる。といって、発達障がいの子どもの困難をカウンセリングだけで解決できるわけでもない。

❸発達障がいの生徒の苦労――授業以外で

通学時の交通機関の利用が負担になっている生徒がいた。過敏性があり、混んでいる電車が苦痛で、朝早く混雑しないうちに、特定の車両の端のドア近くでじっと耐えて通学すると聞いた。それだけでも疲れてしまうと思うが、まじめな生徒で欠席もほとんどなかった。

過敏性にもいろいろな表われ方があって、触覚過敏から同じような服しか着ることができない生徒もいた。まったく同じ服を何着も持ち、洗濯もして清潔なのだが、いつも同じ服を着ているように見える。他にも、どんなに暑くても寒くても、同じ形の薄い上着を一年を通して着用していた子もいた。私が勤めていた当時のチャレンジスクールでは幸い、標準服も決められていなくて、服装は自由であった。中学時代には、スカートの感触が苦痛で、あるいは学ランの襟が苦痛で、不登校だったという生徒たちもいたので、服装が自由であることは配慮の一つと言えた。

こんな相談があった。その生徒は、学校生活には支障がないが、食物へのこだわりが強く、家族の作った特定のものしか口にできなかった。進学が決まったが、入学直後に行なわれる全員参加の合宿には食事が理由で参加ができない。小中高までは理由を伝えて宿泊行事には参加しなかった。進学先にも説明し、合宿は参加しないことへの理解を得た。食事を除けば日常生活にはほぼ支障がないものの、社会に出ても会食には参加できない。このままでは心配だと親御さんが相談に来られたのだ。小さいころから、電車の音に過敏で、他の人には聞こえない程度でも耳をふさいでいたなど、障がい特性と思われるエピソードがいくつかあり、受診すれば診断は得られると思われた。学校では聴覚の過敏も表には出さず、不登校経験もなく、自傷もなく、食事以外のことに努力して順応してきた様子だった。なんとか環境との折り合いをつけてきたこの生徒に、表面的に「皆と同じことができないと困る」といって、「食べさせる」ことを支援と考えることはできなかった。特性があるだけで本人の問題ではないと理解できるようにと受診を勧めたが、支援の在り方について考えさせられた。

卒業後の進路でも発達障がいの生徒は苦労していた。

進学の場合、行き先は決まりやすい。東京都内には大学、短大、専門学校が多数あって、私が勤務していたころでも、難関大学でもなければ、どれを選ぶかを迷う状態であった。ただ、差別解消法以前で、進学先で苦労したことは聞いていた。自分の得意な分野の大学に進学したものの、授業の課題や試験に全然手がつけられず、理由を説明することもできずに中退した例があった。また、チャレンジスクールでは自分にあった時間帯で授業が受けられるので勉強できたが、専門学校は毎日早くから夕方までぎっしり授業があり、通うことが続けられない例もあった。進学先でついていけなくなるのは発達障がいの人ばかりではないが、発達障がいの場合には、自分のことを説明できずに固まってしまい、どうにもならなくなることが多い。進学先を中退してからのやり直しは、障がいがなくても困難であり、ハンディキャップがあるとなおのこと難しい。

就労では、本人にあった就労先がなかなか見つからなかった。特別支援学校の高等部とは違って、学期中でも長期の職場実習をしたり、学校内で作業実習をしたりすることはない。実習のある職業科の高等学校とも違う。

ある生徒は、早くに発達障がいの診断を受けていた。就労を希望して、ハローワークの障がい者のための集団面接を受けようと会場の入り口まで行ったが、過敏性と対人関係の不安が強く、会場の人の多さに圧倒されて入り口をくぐることもできなかった。

その生徒の主治医は手帳（精神障害福祉手帳。以下、手帳）を取得しなくても就労できるほど支援が進んでいると思って、手帳の取得に難色を示していた。もし手帳を持っていなければどうなるかを説明して理解を得た。実際想定できる困難としては、一般就労の場合、入社試験で本人のもっとも苦手な面接があり、たとえ採用されても、「複数の仕事を同時に頼まれるとどれから処理していいかわからずパニックになってしまう」ことも配慮してもらえないし、福祉的な支援も利用できないなど、である。

前述の生徒が、手帳取得後、居住地域の「発達障がいに特化した」作業所に見学に行った。が、作業所の場所が駅近くの雑居ビルの中で、狭くて人が多く、音もうるさいので、生徒は入り口で泣き出して逃げ出してしまった。養護学校（特別支援学校）から異動してきた進路部の先生は「子どもっぽい」「がまんが足りない」と考えたが、それは障がい特性の過敏性によるもので、仕事への心構えやら訓練やらができていないといった本人の問題ではないことが、後の職場実習で明らかになった。

その後、同じ進路の先生が取り付けてくれた特例子会社での職場実習で、広くてとても静かなビルの清掃と文書の分類を行なった。以前は泣き出した生徒が、今度は特別支援学校の生徒と一緒に、てきぱきと仕事をしたうえに、昼休みには実習先の指導担当者と会話もできた。一度パニックになりかけたが、勤務態度も仕事の成績も大変よかった。静かな環境ならば本来の力を発揮することができるのだ。実習先の指導者からはいい意味で「高校生らしい」と評価も受けた。

その生徒は学業もできて知的な障がいはないが、大勢がいる教室の中にいるのが何よりも苦手で、進学はまったく希望しなかった。掃除などが得意で、事務より実業系の仕事を希望した。ただ、当時は一般の高校を出て、障がい者枠を探すのは難しかった。実業系の障がい者雇用を探そうとすると、ハローワークの職員から「普通の高校を卒業しているから（特別支援学校卒業生で就職先はいっぱいだからほぼ無理）」と言われてしまった。実習した特例子会社でも特別支援学校の卒業見込み者が内定していて就職はできなかった。

卒業後の行き先はなかなか決まらなかったが、家族の理解もあって、本人に無理に就職を求めず、卒業後は地域の福祉支援を利用して就労先を継続して探すという方向になった。

4　支援を考える──とまどい、悩み続けることを受け止めて

発達障がいの人への支援とは、どういうことなのか。よく、「障がい認知」や「障がい理解」があれば、

霧が晴れたように生活が楽になるように思われるが、そんなものではない。

障がいをどう理解しても、症状や特性で、毎日とまどいや不安を感じてしまう人も多い。ほぼ毎週相談に来る時局性学習症（学習障がい）の方がいた。本人は診断も理解して、支援もあるが、どうしても授業のことで不安になる。他人には些細なことだ。答える側も「それでだいじょうぶ」と言ったり、どうしたらいいかわからず一緒に試行錯誤したりする。でも、「気にするな」と否定したり、「学習障がいだから仕方ない」と言ったりはしないようにした。障がいがあるから、悩みは人より大きくのしかかるようだ。「悩んでいい」「相談していい」ことで、本人は安定していった。「安定」といっても、悩みが尽きることはない。授業がうまくいくと自分の生活のことが気になったりする。それでも、以前は人に過度にびくびくしていたのに、近くを人が通り過ぎても恐れて飛び上がることはなくなった。対人スキルの指導や支援を受けたわけでないが、苦手な対人面でずいぶんとしっかりしてきた。

障がいとともに生きる在り方もいろいろだ。挨拶として人の身体に触れてくる生徒もいた。触れていい相手かどうかを瞬時に理解できるようだった。多動傾向で、先生の発言中も口をはさむこともよくあった。小学校から医療を利用し、支援学級にも通っていた。人の身体を触ることを問題にするのは簡単だが、本人は触ってもだいじょうぶかどうかはわかっているので、その注意は必要ない。特性はずっと変わらないが、独特の人懐っこさとして周囲も受け入れていて、そのままの在り方で生きている。人に触れることや、おしゃべりは止まらないが、友人も多く、卒業後は専門学校に行き、そこを卒業した後も友人たちと活動した。

障がい支援が「周囲が楽になる」ことを目的にしてはいけないわけではない。過剰なこだわりで、生活に支障をきたしているケースもある。しかし、発達障がいの場合、一見障がいがないようで周囲が理解しにくくいから、支援と称して「健常者に合わせること」「健常者のようにふるまうこと」を求めていないだろうか。「(健常者が悩まないことを) 悩んではいけない」と思わせていないだろうか。

支援とは「ありのままを受け入れて、周囲と折り合いをつける」ことだと私は考えている。受け入れたら、すべて当事者の言うがままにするわけでもない。当事者の言葉に「それはできない」「今はできない」と伝えることもよくある。カウンセラーではないので、原因を掘り下げることもしない。ただ、本人の思いやとまどいを受け止めて、周囲がどこまで、何ができるかを考えて、当事者と周囲の折り合いをつけるのがコーディネーターの仕事だと理解している。

以上のような考え方の前提に立って、支援に求められることをまとめてみた。

❶緩やかさ——多様な生徒を受け入れるということ

チャレンジスクールには、さまざまな生徒が入学してかなりの割合で卒業できたが、その前提として受け入れる姿勢が教職員にもあったからだと考えられる。

私は教育相談部に属していた。教育相談が委員会でなく部として置かれていたのはそれだけ重視されていたためで、発達障がいに関する全校研修も行なわれた。特別支援教育コーディネーターの研修が都立高校で始められたばかりのころだった。

当時はチャレンジスクールが新たに開設されて、校長をはじめ学校全体に、不登校経験や中退の生徒の学び直しを支えたい、多様な生徒を受け入れていこうという意識があった。そんな意識の表われとして、私の勤めた高校では、不登校や多様な子どもを理解するために、校長名で教員全体に文書も出された。

原案は私が提出したが、教育相談部会を経て、校長名ですぐに教員に配布された。内容は十分に練ったものではないのは明らかだが、すぐに出されたというのはそれだけ先生方には生徒対応へのニーズがあったということである。とにかく生徒を理解して何かしようと教職員集団がまとまったことに大きな意味があった。

私は、本来どの生徒にも配慮が必要であり、そのなかで配慮度の高い子どもがいるというふうに理解してほしいと思う。全員に配慮したら、授業が成立しないと言われるかもしれないが、そうではない。私は国語を教えていたが、チャレンジスクールには勉強が苦手であったり、不登校だった経験があったりした生徒が多く、それぞれに配慮は必要だった。そのなかでは配慮が個別である（人によって違う）ことは生徒どうし理解できるし、特別扱いやひいきという見方をすることはなかった。誰もが参加しやすい、誰もが認められている状態のなかでは、自然に配慮しあう姿があった。それは「障がいがある人だから思いやりをもつべき」という道徳とは違うものだった。

クラス必修の授業で、ある一人の生徒が不安定になって泣き出した。突発的に授業を飛び出すなど行動がめだつことがあった生徒だった。担任の私は気づかなかったが、同じクラスの生徒グループがすぐに見つけて知らせてくれた。私は泣いた生徒を落ち着かせるため、いったん教室の外に連れ出した。一度外に出ると落ち着いて、次の授業から参加することができた。知らせてくれた生徒はその授業後、心配して「あの子だいじょうぶ?」と私に尋ねた。教えてくれた生徒たちと泣いた生徒はクラスが同じだけで日常の交流はなかったが、必要な時に何かする、という支えあいがあった。

生徒が多様性を認められるには、教職員の多様性も認められることと、自律的に行動する教職員集団の自治が必要であることは言うまでもない。

<資料>

2011.6.1　学校長

本校における指導上の配慮について

R 高校には、学校や社会への再出発を希望して、以前不登校だった生徒や中途退学の生徒が多く入学してきています。

不登校といっても、一般的に考えられるような、いじめ等の理由だけでなく、学習障がいなどの発達の問題やメンタルケアの必要な疾患等の深刻な状況を抱えている生徒が少なくありません。

そこで、先生方が指導しやすく、生徒もスムースに授業に臨めるように、以下のような点について配慮し指導していただければと思います。

1　不登校の生徒が多く、これまでの既習事項が学力として十分に身についていないので、「こんなことは中学校でやったでしょう」「こんなのがわからないのは小学生並みだ」等、小中学校で学んだことを前提に話を進めないようにして下さい。生徒のやる気を損なわないようご配慮ください。

2　不慣れであったり、学習障がいがあったりして、不器用でぎこちない動作をする生徒もいます。言葉で説明されても動き方がわからないことがあるので、目の前で見本を見せる、実際に手を取って教えることが必要になることがあります。

3　学習障がい等で、他のことはよくわかるのに、特定の内容についてどうしてもわからない生徒がいます。また、授業中、何もしない、書こうとしない生徒の中に、どうしたらいいか、やり方が全くわからない生徒もいます。枠に記入できない、問題が読めない等さまざまな理由があるので、新しい内容等は事前にやり方を説明することも大切です。

4　ただし、暴言等生徒の不適切な行動を許容する必要はありません。社会に慣れていないため、自分の言動がどういうものか判断できない生徒もいます。自分がいやだと思ったら、何をしていてもいいと本気で思っている生徒もいます。適切でないことは良くないと教えてください。

5　生徒を注意するときは、自分の個性を生かしてください。怒るのではなく叱る（諭す）という対応が必要です。また、アイ（I）メッセージを使うと受け入れられやすいことがあります。例えば「あなたはうるさい（ダメだ）」ではなく、「その音は私には気になる。止めてほしい」というような、自分を主語にした言い方です。状況に合わせ、生徒に合わせ、注意の仕方を変えることも必要です。注意をした後は声かけなどアフターケアをし、人間関係・信頼関係作りのきっかけにしてください。

6　ただ、問題の言動の背景には「（課題が）難しい」「できないと恥ずかしい」という気持ちが強くあります。その気持ちを適切に表現（口に出す）できないことも生徒の実態です。生徒の中には指名されることに恐怖感を抱く者も多くいます。失敗すること、みんなの前で課題ができないことを極度に恐れたり、「わからない」ことに罪悪感をもちがちです。生徒が必要な援助を求めることができ、うまくできなくても参加できる授業の雰囲気作りを心がけてください。

7　問題や疑問がありましたら、先生が一人で抱えることなく、教科担当や担任にすぐにお聞かせ下さい。生徒の指導上緊急を要することもありますので、その場の対応だけで済ませることなく、また自分自身の問題と受け止めたりせずにお知らせください。

8　生徒の中には、さまざまな家庭事情を抱えている生徒もおりますので、家族に関する質問等は他校同様気をつけてください。家庭の事情で「お母さん」という言葉に敏感な生徒もおります。また、学校時代の思い出を生徒に尋ねることなどで、以前あったつらさを思い起こさせることがないか等を吟味して発問することが大切です。

9　身体の障がいをもつ生徒もおります。この場合必要な対応は、本人に確認した方が良いようです。内部疾患等特別の対応が必要な生徒については、担任や教科と連絡を取り合ってください。

❷丁寧さ——個への視点

私が養護学校で学んだことのなかに「障がい支援というのは、本人の自由の獲得を助けること」があった。しかし、発達障がいの場合、「できない」ことが注目され、当事者の意識や困り感とは関係なく、「服薬」「訓練」が本人に求められることがある。

環境や勉強のやり方を変えれば、無理や苦労をしないでも改善できることはたくさんある。個々の当事者にあった環境や方法を考えるためには、科学的な根拠に基づく評価も必要になる。ノートをとれない理由は何か？　と本人に聞いてもわからない。ノートがとれていないことに本人があまり気づいていない場合もある。何が障壁になっているか、自分でもわからないことが多い。障壁になっているものは個人によってそれぞれ違う。個人の障壁を、日常の観察や必要に応じた検査等で明らかにすることも支援だろう。ハンディキャップの元があきらかになって、それへの対応がわかると、本人たちはずいぶん楽になる。

働きかけには、人間的な関係も必要である。発達障がいの人の多くが、「社会性」や「対人関係」の課題を抱えるというが、関係ができるまでに時間がかかることが多いだけで、一度その「懐に入る」ことができると、さまざまなことが一変する体験を何度もしてきた。人間的なつながりができると、挨拶どころか、いつも気を遣ってくれることを実感した。人間的なつながりのなかで安心できると、当事者が大きく変化することも経験してきた。

「本人が困っていること」への対処は必要だが、「できないことを、周囲と同じようにふるまう訓練」が当事者の困難の軽減に直結するとは思えない。大切なのは、その支援で本人が何をつかみ、自分と周囲をどう理解して生きていくかなのだ。何歳になっても支援は必要になる可能性は高い。そのときに「いくつになっても人に頼らなければいけない、ダメな自分」なのか、「こだわりも迷いも（そのほかの特性も）、理解されて受け止められている。安心していい自分」なのか、決定的な違いがある。

発達障がいをもつ人が安心して生きていける社会が来ることを願ってやまない。

2 「生きること」の土台づくりと高等部教育
――「つなぎ」に終わらない職業教育をめざして

特別支援教育の対象となる子どもの数は増加の一途をたどっている。

文部科学省によると、二〇〇七年度からの一〇年間に、小・中学校の特別支援学級対象の児童・生徒数は約二・一倍、通級による指導の対象は約二・四倍になっている。また、特別支援学校に就学する児童・生徒数は約一・二倍で、少子化傾向にあるなかで年々増加している。さらに、高等部をみると、知的障がい特別支援学校の生徒数が著しく増加しており、なかでも障がいの程度が軽度の生徒の比率が高くなっている。これらの現実を前にして、特別支援学校では、教室不足の解消や多様化する生徒に対応するための教育課程編成、肥大化する高等部教育の実践的展開などが喫緊の課題となっている。

本稿で述べる軽度知的障がいの生徒の高等部教育をみると、一般企業への就労率を競うかのような「職業教育の充実」が、多くの現場で構想・推進されている。しかし、はたして企業就労を第一義的な目標とするような「職業教育」は、青年期を生きる生徒たちの自立と社会参加、そして高等部教育の充実につながっているといえるのだろうか。職業教育充実の視点は重要であるにしても、今日の高等部に入学してくる生徒たちの現実を直視し、その生存や発達の要求に応えるような教育実践のあり方を、より広い視野をもって探る必要があるのではないか。

私はA県で初めて設置された高等部専門学科の知的障がい特別支援学校（以下、B校）において、開設準備期から七年半あまり担当教師をしてきた。ここではその試行錯誤の実践を振り返りながら、これからの高等部教育、とりわけ軽度知的障がい生徒の職業教育についてあらためて考えてみたい。

1　軽度知的障がい生徒のための特別支援学校の開校

A県では、「特別支援教育」への転換前後より顕著になってきた高等部生徒数の増加に、プレパブ棟の設置や校舎の増築などの施設面における対応に取り組んできたが、それだけでは十分ではなかった。軽度知的障がいの生徒が全体の半数以上を占めるようになり、主に中学部より進学してくる比較的重度の生徒との間で、実践的対応の差異化を図る必要性が明らかになってきた。このような状況のなかで、新しい試みとして――全国的にはすでに行なわれていたが――軽度の生徒を対象にした固有の教育課程、すなわち「職業的自立」をめざしたカリキュラムを構想、二〇一二年度より閉校した高等学校の跡地に高等部のみの分教室を開設し実践を開始した。そして三年後には、A県初となる専門学科として高等部単独校（定員は各学年四八名）の開校となった。ちなみに、二〇一九年現在、県の知的障がい特別支援学校（知的・肢体障がい併置学校含む）に在籍する高等部生徒のうち約半数は療育手帳B２（軽度知的障がい）の取得者であり、専門学科単独校の開校は高等部教育の現状への対応の一つの端緒にすぎないことも付け加えておく。

学年	各教科																領域			総合的な探究（学習）の時間
	普通教科												専門教科							
	国語	社会	数学	理科	音楽	美術	保健体育（体育）	保健体育（保健）	職業	家庭	外国語（英語）	情報	家政	農業	流通・サービス（清掃）	流通・サービス（事務）	道徳	特別活動	自立活動	
1年	2	1	2	1	1	2	2	1	1	1	1	1	3	3	3	2	1	3	（注2）	（注1）
2年	1.5	1	1.5	1	1（選択）		2	1	1	1	1	1	いずれか12			2	1	3		
3年	2	1	2	1	1（選択）		2	0	2	1	0	1	いずれか12			2	1	3		
計	5.5	3	5.5	3	5		6	2	4	3	2	3	33			6	3	9		

図1　B校カリキュラム

注1：「自立活動」は授業時間数として設定せず、教育活動全体を通じて個別に行なう。
　2：「総合的な探究（学習）の時間」は特定の学期や期間に設定する。

まず、B校の概要をつかむために、カリキュラムを見ておく。

図1のように、教育課程は大まかに各教科とその他の領域（自立活動等）に分かれるが、カリキュラムの中心である教科を、普通教科四二単位時間、専門教科三九単位時間（図の塗りつぶし部分）を三年間で履修することになっている。職業教育重視とはいえ、開校時より青年期の学習保障を考えて、両者のバランスがとれるように普通教科を満遍なく配置した。ただ、一定の時間数は確保したものの、その内実、とりわけ職業教育科目（専門教科）の学習との関係については十分に検討されることはなく、青年期教育として両者の関連づけを考えながら構想する視点は必ずしも明確ではなかった。

教育課程を特徴づける専門教科の学習では、職業教育により「意欲的に社会参加する力を養成する」ことをめざしている。三つのコース（家政、農業、流通・サービス（清掃））が置かれ、二、三年次は特定のコースを選択して履修することになっている。現場実習は一年次一週間、二年次二週間を二回、三年次三週間を二回、それぞれ行なう（三年では生徒の必要に応じて臨時の実習も加わる）。実習は進路指導とも連接しており、二、三年次の実態の評価は、終了後の進路指導の重要な検討材料となる。

進路指導では、生徒自身の志望に基づき、家族の希望も聞きながら、生徒の特性を生かし、企業とのマッチングをていねいに行なうように留意し、卒業後に安心して働き続けるための支援体制づくりに取り組んでいる。一方で、三年間で現場実習を重ねていくが、卒業までに進路先を決めなくてはならないため、生徒本位の自己選択・自己決定が本当にできているかなどの問題がある。

なお、各学年の週時表は図2のとおりである。

2　入学生に透けて見える成長・発達をめぐる困難

職業教育充実を目的とするB校には、すべての生徒が、障がいはあるが「卒業後に企業就労する」という志をもって受験し、入学してくる。しかし、実際に生徒が望んでいるものは多様であり、「軽度知的障がい」という言葉でひと括りにできないことが日々の指導から透けて見えてくる。確かに入学生の多くは、個人差はあるものの、読み書きなどの基礎的な学力はおおむねできるようにみえる。ところが生徒の多くは生育史やこれまでの学校生活のなかでさまざまな困難を経験しており、その生活や発達にそれぞれ個別的な課題や問題を抱えている。B校でこの問題顕在化したことには次のようなケースがあった。

<table>
<tr><th></th><th></th><th>1校時</th><th>2校時</th><th>3校時</th><th>4校時</th><th>5校時</th><th>6校時</th></tr>
<tr><td rowspan="5">1年</td><td>月</td><td>LHR</td><td>保健体育</td><td>数学</td><td colspan="3">流・サ（清掃）</td></tr>
<tr><td>火</td><td>職業</td><td>数学</td><td colspan="2">保健体育</td><td>理科</td><td>社会</td></tr>
<tr><td>水</td><td colspan="3">農業</td><td>外国語</td><td>道徳</td><td></td></tr>
<tr><td>木</td><td colspan="3">家政</td><td>国語</td><td colspan="2">流・サ（事務）</td></tr>
<tr><td>金</td><td colspan="2">美術</td><td>家庭</td><td>国語</td><td>音楽</td><td>情報</td></tr>
<tr><td rowspan="5">2年</td><td>月</td><td>LHR</td><td>国／数</td><td>理科</td><td>社会</td><td colspan="2">保健体育</td></tr>
<tr><td>火</td><td colspan="6">コース</td></tr>
<tr><td>水</td><td>道徳</td><td>外国語</td><td>保健体育</td><td>数学</td><td>音／美</td><td></td></tr>
<tr><td>木</td><td colspan="2">流・サ（事務）</td><td>家庭</td><td>職業</td><td>情報</td><td>国語</td></tr>
<tr><td>金</td><td colspan="6">コース</td></tr>
<tr><td rowspan="5">3年</td><td>月</td><td>LHR</td><td>国語</td><td>数学</td><td>情報</td><td>職業</td><td>音／美</td></tr>
<tr><td>火</td><td colspan="6">コース</td></tr>
<tr><td>水</td><td colspan="2">流・サ（事務）</td><td>家庭</td><td>職業</td><td>道徳</td><td></td></tr>
<tr><td>木</td><td>数学</td><td>国語</td><td>理科</td><td>社会</td><td colspan="2">保健体育</td></tr>
<tr><td>金</td><td colspan="6">コース</td></tr>
</table>

図2

❶不登校の経験

中学校時代に不登校や不登校傾向であった生徒が、学校生活に慣れ毎日元気に登校していたように見えて、突如、「疲れた」などと言って数日間欠席することがある。登校するとあっけらかんとした様子で過ごしているが、しばらく経つとまた欠席し、それが繰り返される。毎日登校しようとしているように見えるのだが、中学校時代の不登校の要因をどこかに引きずっているのか、うまく学校生活を送ることが難しい。生徒一人ひとりの内面にていねいに迫る努力が不可欠な課題になっている。

❷人間関係の壁やつまずき

ある特定の人とならば親しくすることができるのだが、交友関係がきわめて限定的であったり、新しく関係を築くことが難しかったりするケースである。また、自己中心的な考え方や他者への理解が十分に図れないことなどのために、しばしばトラブルを起こしたりする。中学校では特別支援学級に在籍し、小集団での特定の友だちとはよいかかわりをもてたとしても、高等部のやや大きな集団で不特定の友だちと交わるとなると、人間関係の見えない壁ができてしまう。結果的に孤立してしまったケースもあった。

❸家庭の貧困や家族関係の困難

経済的な貧困や親の病気・障がいなどで養育困難な家庭、母子家庭や生活保護家庭、再婚家庭での家族関係の軋轢、児童養護施設入所の生徒等々、B校にはさまざまな家庭状況、生活状況を背景にもつ生徒がいる。朝食を食べずに登校してくる生徒、昼夜が逆転して生活リズムが整わず登校が続かない生徒、夜間に家を飛び出して深夜徘徊する生徒など、それぞれに家庭環境の狭間で影響を受け、ゆれる生徒の現実がある。学校だけでは対応しきれない問題もあり、児童相談所などの関係機関との連携なしには対応できない場合も少なくない。校内はもとより、地域のつながりを基盤にしたケース会議を位置づけた実践の展開が求められる。

❹自己理解のゆらぎ

自己を肯定的に感じとらえることが難しい生徒が多い。「どうせ自分なんてできない」と口癖のように言い消極的になっている生徒、自分と他者を必要以上に見比べて一喜一憂する生徒、自分を守るために相手のことを攻撃する生徒などである。これまで失敗や否定されるような経験の多かった生徒にとっては、ありのままの自分を受け容れることはきわめて難しいことなのであろう。ゆれながらも、「弱さ」も含めた自己の理解を実感的に育てていくことが大きな課題になっていると思う。企業から障がい者雇用の内定をもらいながら、卒業間近になって「私は障がい者じゃない」と言い張って葛藤状態にある生徒などがいたが、少なくない生徒が同種の思いを抱えているとも思われる。高等部教育の大きな課題だといえよう。

以上のように、生徒の知的障がいが「軽度」であるため、学習上の遅れのみと思われがちだが、多くの生徒が生活上及び発達上の固有の課題を抱えながらB校に入学してくる。それぞれのケースに即したていねいな生徒理解を踏まえた実践が求められている。

3　専門教科「流通・サービス科」の授業づくり

❶「汚い」「ダサい」「やりたくない」というイメージ

私が担当した「流通・サービス科」は、専門教科の一つである。専門教科（コース）では、「企業就労に必要な知識と技術を習得し、働く意欲や態度を身につけるとともに、状況に合わせて主体的に行動できるようにすること」を共通の目標にしている。言うなれば、企業への就労に直結する職業教育のための教科である。この授業を通して、どのようにして目標を達成したらよいのか、授業づくりは手探りの状態から始まり迷いながら試行錯誤の連続であった。

私が担当した流通・サービス科の主な学習内容は清掃に関する実習である。「清掃」と聞いて、教師である私でさえ「めんどうくさい」ことと思う。「汚い」「ダサい」「やりたくない」の三拍子が生徒のイメージであり受け止め方であった。私と生徒の「清掃」への固定観念を払拭しなければ、流通・サービス科の授業をうまく展開することはできないだろう。清掃を「やらされる」から「すすんでやる」ものへ変え、「嫌な作業」ではなく、「自分の仕事」としてその意味をとらえ直すことができるように、授業においてさまざまな〈仕組み・仕掛け〉を試みた。

❷生徒の意欲や主体性を育てるための〈仕組み・仕掛け〉

授業の大枠となる〈仕掛け〉として、授業自体を「会社」に見立てて進めるようにした。生徒と教師は、その会社の社員として雇われ、清掃のさまざまな「業務」に取り組むという設定である。例えば、授業の初めにはタイムカードを打刻し、朝礼でその日の「業務内容」を確認する。業務は各班に分かれて行ない、終わると終礼を開いて業務報告や業務の改善に向けたミーティングを行なった。授業時間は一日の時程すべてを当ててあるので（二、三年次）、できるだけ会社の日課に近い状況で効率的に業務を行なうように、PDCAサイクルの視点を授業づくりに取り入れた。相手のことは、「～さん」や役職（「チーフ」「リーダー」など）で呼ぶようにし、ニックネームや「～先生」では呼ばないルールを徹底した。

授業で取り上げる清掃の主な業務は、日常清掃と定期清掃である。日常清掃では、自在ほうきや湿式モップなどを用いた掃き清掃、拭き清掃を行なう。一方、定期清掃では、スクイジーを使っての窓清掃、ポリッシャーやウェットバキュームの清掃機器などを組み合わせ、床洗浄やワックス塗布を行なう。取り扱う清掃用具や機器は、清掃会社が実際に使用しているものと同等品である。これまでに見たことのない用具や機器を使用するため、多くの生徒が「使ってみたい」「操作してみたい」「できるようになりたい」という気持ちをもちはじめる。それと同時に当初の「ダサい」というイメージはしだいに薄れていくことが発言や態度に現われてきた。開校初年度の五月、まだ授業を開始して二か月ほどしか経っていないある日のこと。男子生徒の中田さんが「清掃って真剣にやると、かっこいいですね」と話しかけてきた。この生徒の言葉は、授業づくりにこれでよいのかと不安を抱え悩んでいた私たち教師を解放してくれると同時に、授業への自信をもたせてくれた。

二、三年の生徒が約二五人で清掃の業務を行なう。各業務は四～六人程度の班単位で実施し、リーダーの生徒を中心に、担当業務を順次遂行していく。教師は会社の上司役を務めるが、生徒が一定の清掃技術を習得できた段階になると、基本的に前面に出ないようにし、班単位で自主的に取り組むようにした。とくに業務前後の班内のミーティングなどでは、生徒自らが考え、自分たちで相談する場面を多く設けるようにしてきた。これまで指示されることが多く、受動的な生徒が多いなかで、教師は一歩後ろで見守るようにしたのである。業務上のさまざまなことを生徒たちで相談し、その渦のなかで自ら考えるようになる〝間〟をつくることを大切にした。

また、班員の得手不得手を踏まえ、リーダーの生徒を中心に業務分担して効率的に進める。わからないことや困ったことが生じても、教師はすぐには口を出さず、生徒どうしで教え合ったり、自分の分担が終わった生徒が手助けしたりする。このような協働関係を経験することをとおして、生徒は「自分はできる」という手応えや喜びを感じ、「他者と協力すること」を実感するのではないだろうか。不平や不満を言わずにゴミを集め、排水口をきれいにし、汚水の処理をすすんで行なう生徒の姿を見ると、以前は「汚い」「やりたくない」と言っていた清掃が「仕事」として誇りをもって取り組まれるようになった変化を感じる。これらは終礼での振り返りの時間などで、教師や生徒どうしの話し合いをとおして意味づけられ、生徒それぞれが確認できるようにしている。

生徒は任されたらその期待に応えようとする。応えるなかで生徒自身が成長し変わっていく。そこに自ずと意欲や主体性は育っていくのだと、あるときから私は考えるようになり、授業づくりの基本に位置づけている。

❸生徒が人や社会のために役立つことを実感する〈仕組み・仕掛け〉

清掃業務は、学校内だけではなく、「出張業務」と称して学校近隣にある駅や公園、企業などに出向き、お客様や利用する方々のことを考えながら取り組むようにもした。この出張業務は年間を通じて行ない、生徒の実態や特性、成長に合わせて班を再編成し実施する。駅の清掃担当になったある女子生徒は、「学校と同じように清掃できるか不安です」と言って出かけていったが、終わって戻ってくると、「うまくできなかったところもあるけれど、駅を利用する方に『きれいにしてくれてありがとう』と言われてすごくうれしかったです。次もがんばります」と満面の笑みで語っていた。「出張業務」は、自分の実力を知る機会であるとともに、清掃を通して自分が地域の人や社会に役立っているという手応えを、他者の評価を通して実感する機会にもなっている。生徒の「次もがんばります」という言葉は、仕事への意欲と向上心につながっているように思われた。

ある男子生徒は卒業前に私のところに来て次のように話してくれた。「いろいろな清掃業務を経験して、働くことの楽しさを知り、厳しさもわかりました。就職先は清掃関係の会社ではないですが、この授業で学んだように仕事に誇りをもってがんばっていきます」と。この生徒は二年の初め頃、気持ちにむらがあり、業務時間が長くなると清掃が雑になったり、手抜きをしたりすることが多かった。しかし、出張業務に出かけるようになってからは気持ちが安定し、二年の後半からはリーダーに抜てきされるほどになった。三年になると「やらされる」から「すすんでやる」ようになり、班員にも的確な指示を出すなど清掃を「仕事」としてとらえ、取り組みに主体的な姿勢がみられるようになった。

私の担当した流通・サービス科の授業では、以上のような〈仕組み・仕掛け〉や考え方をもって、「本物の業務」を用意し取り組んできた。「清掃業務」という職業教育をとおして、専門教科の目標である企業就労に必要な能力と態度を育てようとしたのである。そこでとくに大切にしてきたことは、「自分で考えて取り組もうとする気持ちを育てること」、「自分の仕事を意味づけ、みんなのため、社会のために役立つという有用感を実感すること」、「現状で満足せず改善しようとする向上心を育むこと」であったといえよう。

4　生徒の事例から実践を問い直す

B校の企業への就労率は九〇%前後と高い水準にある。しかし他方では、二～三年後の離職率が二〇%超であるという課題も現前の事実となっている。この課題に専門学科（職業教育）はどう応えていったらよいのか、専門教科の授業づくりも含め、今後の高等部教育の実践のあり方について継続的に検討していく必要がある。その一端として、以下では私の担当したケースを手がかりに考えてみたい。

❶矢部さん（男子生徒）——「俺だってつらいんだ、生きていても仕方がない」

矢部さんは、中学校の知的障がい特別支援学級から入学してきた。地元のプロサッカーチームの試合に応援に行くほどのサッカー好きで、自身も知的障がい児者のチームに所属してプレーしていたこともある。また電車が大好きで、ほぼ毎日自宅の最寄り駅に出かけて、電車を見たり知り合いの駅員に声をかけたりしていた。

明るい性格の持ち主で、学校ではムードメーカーでもある。気の合う生徒とは親しくでき、学校内外でつきあいがあったようだ。ところが、その場の状況や文脈をわきまえることが苦手で、頻回にトラブルを起こした。例えば、授業中に他の生徒の発言に対して必要以上に反応し、「それは違うんじゃないか」などと、突然発言を遮るように話し出したりする。いわゆる「空気が読めない」生徒だった。

ホームルームでの話し合いでは、自分の意見が通らないとふてくされ、ときに激高することもあった。このような矢部さんから他の生徒は自然に距離をとりはじめるようになり、気がつくと孤立状態になっていた。とくに女子生徒は、トラブルに巻き込まれたくない思いから挨拶さえせずに敬遠していた。

こうした状態が深刻化すると、ますます矢部さんの行動は粗暴になっていく。ある日の休み時間に女子生徒が顔を真っ赤にしながら、「矢部さんたちが大変なことになっています」と職員室に入ってきた。教室近くにいくと、興奮した矢部さんと男子生徒が取っ組み合いのけんかをしていた。その場でそれぞれの言い分を聞いた後、個別に話を聞くことにした。私は矢部さんと話をし、けんかの原因は何だったのか、どう行動すればよかったのかを振り返りながら指導していると、突然大きな声で泣きはじめ、「俺だってつらいんだ、生きていても仕方がない」と言った。私はすぐには返す言葉が浮かばず、泣きじゃくる矢部さんの肩に手を置き、「そうか、そうか、そうだったんだな。今までつらかったんだ」と声をかけるのが精一杯だった。

あのとき矢部さんはなぜ「生きていても仕方がない」などと言ったのだろうか。周囲とうまく関係を築いて楽しく過ごしたいと思っているものの、思い込みが強く独りよがりのため、関係を紡ぎながら話すことが難しい。相互的な会話を交わせないままに一本調子な自分本位の話になってしまうのである。おそらく、小学校や中学校時代も友人との関係でトラブルが頻発し、関係を築こうとすればするほど孤立し、バカにされたり、からかわれたりしたことであろう。このような負の経験の蓄積が矢部さんの自己肯定感を低くし、物事がうまくいかないときは「自分はダメな人間なんだ」という思考や感情に巻き込まれてしまうのだと思う。

矢部さんは三年の三学期になっても企業の内定をもらえず、臨時の現場実習を繰り返していた。実習中にうまく仕事ができないと暴言を吐くなど態度面が一つの問題になっていたようだ。卒業式を目前にした二月中旬、ようやく内定が出たときには泣いて喜んでいたが、進路が決まった安堵感とともに、自分も認められたのだという有用感を得られたことだろう。

現在もこの食品製造会社で働いている。学園祭に顔を出したり、スーパーで偶然に出会ったりするが、少しおとなになった屈託のない笑顔を見せてくれる。職場や地域のなかで、生きていることに手応えを感じられるような生活を送ってほしいと思う。

❷藤沢さん（男子生徒）――「あいつらのように、俺は障がい者じゃないから」

藤沢さんは中学校の通常の学級から入学してきた過年度生であった。前年度の高校入試で不合格となり、B校入学までの一年間は、ゲームセンターなどで遊ぶような毎日を過ごしていた。

長身痩躯でおとなしい性格の藤沢さんは、母子家庭で生活保護を受けていた。母親はアルコール依存の傾向があり、彼にとっての家庭はあまり安心できる居場所ではなかったように思う。本校入学後もゲームセンターに入り浸ることが多く、帰宅はしばしば夜遅くなっていた。母親から「二〇時になっても帰宅していない」という連絡が入り、私や学年教師が思い当たるところを探して自宅に送り届けたこともあった。遊び疲れて家に帰るのが煩わしくなったという口実で、中学時代の先輩の家に転がり込んで泊まらせてもらったことまであった。ゲームセンターで見つけ、自宅へ送り届けるときに次のような会話を交わしたことがあった。

藤沢「母ちゃん、酒ばっかり飲んでいるから嫌なんだよ、先生」

私「嫌かもしれないが、お母さんは君のことが大好きで、学校を卒業して会社で働くことを楽しみにしているっていつも言ってくれているじゃないか」

藤沢「よくわからないんだよな、生きるってこと……」

私「確かに、生きるってことは楽しいことばかりではないかもしれないな……」

生活習慣が不規則で、昼夜逆転の生活であったために遅刻や欠席がめだった。藤沢さんから「今日は登校するのがめんどうくさいから行かない」などと連絡を受けたときは、そのたびに家庭訪問をし、一緒に登校するようにした。教師からすると手がかかり、いわゆる〝不良少年〟の藤沢さんではあったが、会話からもわかるように、家に居場所がなかった。二間のアパートに母子二人暮らし。母親が働くことはなく、いつも家にいて昼間から酒を飲んでいる状況である。藤沢さんは母親に頼ることもできず、これから自分はどう生きていったらよいのか、途方に暮れる毎日を過ごしていたにちがいない。

好きな数学の授業はすすんで取り組む様子がみられたが、他の授業は机に顔を伏せていることが多かった。二年の三学期、直近の現場実習の評価表を見ながら、次の現場実習先について、企業にするか福祉作業所にするかの話をした。

藤沢さんは、一般就労がしたいので企業で実習をしたい、と自分の意思を伝えてきた。続けて、「あいつら（福祉作業所に勤めている人）のように、俺は障がい者じゃないから、企業で働きたい」と付け加えた。藤沢さんは、入学当時から、自分が特別支援学校に通っていることに対して納得できていなかった。このとまどいは卒業まで続いており、現場実習で路線バスを利用する際も療育手帳の提示を拒み、通常の運賃を支払っていたぐらいである。

卒業後、現場実習で世話になった念願の物流会社に就職したが、一年余で離職してしまった。その前後に母親が亡くなり、現在はアパートで一人暮らしをしているが、本人に就職する意思はない。ホームヘルパーなどの福祉サービスを利用することを勧めてもいっこうに聞く耳をもたず、県内に住む祖母が時々身の回りのことをサポートしている。母親の病いや親子の関係、特別支援学校の選択や障がいとの向き合い方など、さまざまな心の傷を背負いながら「生きること」に迷い、壁にぶつかっていた藤沢さんに、高等部教育はどのような援助ができたのか、あらためて問われているように思う。

5　高等部専門学科の今後

「専門学科」として職業教育を行なう知的障がい特別支援学校であるB校の目的は、生徒の社会的・職業的自立をめざすところにある。開校五年目とまだ歴史は浅いが、企業就労を目標に、生徒も保護者も、そして教師も、この間躍起になって取り組んできた。そして、企業に就職できた多くの生徒は胸を張って卒業していった。しかし半面、そのうちの何名かは、数か月あるいは一年を待たずに離職していく。一人ひとりの生育の歴史や社会的関係性をたどれば、それぞれに固有の理由があろうが、そもそも「知的障がい」をもち、さまざまな困難を抱える一八歳前後の青年を、高等部卒業と同時に現代社会に自立させるということ自体に無理があるように思う。職業教育を通じて企業就労をめざすという目標自体に、高等部教育のとらえ方の一面性があるのではないか。B校入学生の現実や先に見た二人のケースは、「就労へのつなぎ」という発想では、生徒の生存や発達を十分に援助できないことを明示している。一人ひとりの生徒の生育史や学校経験を深くとらえ、その内面世界に迫る努力が必要だ。そのための生徒理解のカンファレンス（ケース会議）を教育実践の一環に位置づけ、教師や関係者で行なうことが重要だと思う。高等部教育が青年期の生徒たちの「生きること」の土台を耕すいとなみであることを忘れてはならない。

このような基本的な視点をもって職業教育に取り組むとき、授業づくりにおいて、指示やマニュアルに沿った行動を指導する前に、担当する仕事の意味に気づき、考え深められるような指導が重要である。自分の仕事や社会的役割を実感していくための働きかけである。実践では生徒どうしが小さい班をつくり、話し合いながら協働したり補い合う活動などを仕組んできた。今後はさらに、普通教科の学習との連関にも視野を広げ、生徒たちの「自ら考え、判断する」構えを育てる視点にも留意したい。「生きること」を支える意欲的・主体的な態度につながるのではないだろうか。

進路指導のあり方も深めていく必要がある。これまでの実践では、現場実習の評価や就労先の検討に焦点化されがちであった。それは卒業に向けて就労先を決定することを主眼にしていたように思う。しかし、本来の進路指導は生き方を考えるキャリア教育の一環として学習を深める指導なのではないだろうか。生徒の現実を深く理解し、教師と当事者（生徒）とが一緒に、保護者の要望や友だちの意見等にも学びながら積み上げていくことが大切である。このような進路についての学習を深めることをとおして、その生徒なりに生き方を考え、将来への思いを紡ぎながら、自己選択・自己決定をしてほしいと思う。

生徒の卒業後の人生は就職して働くことだけでは豊かにならない。生きることそのものによって豊かになるのだから、その「土台づくり」に生徒たちとともに着手しなくてはならない。当然のことだが一朝一夕ではつくれない。短い高等部三年間ではあるが、生徒が自分自身と向き合う時間、仲間と一緒に悩む時間、教師と一緒に考える時間を創出し、積み重ねていく過程が重要である。このことこそが知的障がい特別支援学校高等部の目的であり、本来あるべき教育の姿であると私は考える。

＊登場人物は仮名であることを付記する。

3 寄宿舎でともに生活し育ち合う

1 高等支援学校と寄宿舎

北海道の高等支援学校（高等養護学校）は、卒業後の一般就労や福祉的就労などをめざす高等部単独校であり、職業学科などが設置されているところが多い。教育課程は、作業学習を中心とし、部活動なども展開されている。生徒数は多くの学校で一〇〇～一五〇名である。

併設された多くの寄宿舎では、起床から就寝まで日課が設定され、男女棟に分かれた二階建ての建物で、二～四名の舎室や共有場所となるホールや娯楽室、食堂などが配置され、日夜、集団生活を送っている。下校から登校までを過ごす寄宿舎では、集団生活をしながら、一般的に、金曜日の下校後に各家庭に帰省し、日曜日や月曜日の朝に寄宿舎へ戻ってくるという一週間を送っている。学校での学習場面では、なかなか力を発揮できない子どもたちも、寄宿舎の生活場面では、学校とは違った表情を見せながら各自の役割を果たすなど、学年や学級を超えた集団づくりが形成されやすい環境にある。家庭を離れた場で、洗濯や掃除、入浴などの基本的生活習慣はもちろん、舎室時間や自由時間などでは自然な生活の中で社会性を身につけている。

寄宿舎は、仲間との支え合いの生活をとおして、障がい理解や自己形成、自己肯定感を育む重要な場となっている。

2 寄宿舎生活にはドラマがある

❶暗闇の作戦会議

私が宿直の日の消灯後、ある舎室からコソコソと声が漏れてきた。舎室を見に行き、「もう寝る時間だよ」と声をかけると、タツヤから、「松田先生のサプライズパーティーをやろうと思っている」と聞かされた。松田先生はあと数日で定年退職をする。そこで、同じ舎室の三人で、先生には内緒でケーキを買って、何かプレゼントを渡したいというのだ。松田先生はこの三人の担当の先生だ。「これは何かいいことがあるぞ」と私も一つ手を貸すことにした。

そこで、暗闇の中で即席の作戦会議を開催。「サプライズで一番大切なのは、絶対に知られてはいけないことだ！」と私の声も心なしか小さい声になる。でも、自閉症のタクちゃんがいる……。タツヤもタクちゃんがおしゃべりなので一番心配だと言う。ベッドから顔を出していたタクちゃんに目をやると「だいじょうぶです！」と笑顔で答える（ん〜、その笑顔が一番心配だ……）。「イッチは？」と聞くと、口に一本指を当て、「だいじょうぶです」（イッチはパーティー開催については大ベテランだ。これは安心できる）。「さぁ、ケーキはどうする？」。タツヤから「来週の買い物でロールケーキを買おうと思っている、そのお金は小遣いからみんなで割ろうと思っている」と提案が出された。「みんなお小遣い残っている？」と聞くと、タクちゃんは「百何十円残っています」、イッチは「小遣い帳を見ないとわかりません」（そこはあると言っとけ！）と答える。（まぁ、お金はなんとかなる。私が買い物に行くのは簡単だが、子どもたち自身でできる限りやらせてみよう）と思いつつ、寄せ書き用の色紙を売っている店も教え、忘れずに買ってくるように伝えた。

数日後の日曜日。舎務室の入口に紙袋を持ち、寄宿舎に戻ってきたイッチの姿があり、黙って私の顔を見つめている。（ああ、サプライズパーティーの件だな）と察しがつき、本人のもとへ駆け寄ると紙袋には色画用紙で作られた花束とロール状に丸められた紙が入っていた。「パーティーの日まで預かってください」と依頼され「わかった、わかった」と、松田先生に怪しまれないようにコソコソと私のロッカーにしまう。そこで、ふと紙袋に目をやると、中にある花束の完成度の高さと丸められた白い紙に「感謝状」という文字の一部が見えた。そのとき、絶対にこのパーティーは極秘裏で大成功に終わらせなければいけないという使命感がわいてきた。

そして、離任式前夜、松田先生へのサプライズパーティーが開催された。明け勤務だった私は生で見ることができず残念だったが、無事、パーティーは大成功で幕を閉じ、色紙も手渡され、松田先生は定年退職前夜に最高の時間を過ごすことになった。後日談で、色紙はタツヤのお母さんが買ってきてくださったとのこと。まさに、たくさんの人を巻き込んだパーティー準備となったのだ。

ふと、このサプライズパーティーを企画準備から振り返ったときに、このエピソードには寄宿舎生活ならではの要素が凝縮されていたと感じた。おとなに言われたわけでもなく、自分たちで（まして三年生が抜けた一、二年生が）松田先生に感謝の気持ちを伝えようと計画して、知られると喜びも半減するだろうと考え、担当ではない私に相談し、秘密裏に進めていく。タクちゃんも気になるとすぐに話してしまう自分の性格を押し殺して、舎室みんなで決めたルールをなんとか成し遂げようとする（結局、しゃべってしまい三人はプチトラブルになったが……）。イッチは得意の工作をプレゼントで表現する。その過程には、我々が子どもたちに願う、つけてほしい力の題材があふれていた。子どもたちの願いから出発した計画に、おとなが少しの知恵と方法を伝え、子どもたち自身が考えながらやり遂げていく。おとなが意図しないところに、子どもたちの成長できる場があるのだ。

パーティー翌日、登校前に舎室をのぞくと私の顔を見るなり、タツヤは「無事成功しました」、イッチは「（喜びで体を震わせ、白い歯を見せ）成功です！」、タクちゃんは「パーフェクトヒューマン踊りました」と報告してくれ、登校前に余興で披露したダンスまでフルバージョンで見せてくれた。この日は私の離任式の日でもあった。転勤前の最後の日の朝、このような光景を見ることは幸せであり、感慨深い気持ちにさせてもらった。

後日、松田先生からお礼の言葉をいただいた。ふだん、買い物へあまり行かないタクちゃんから買い物に行きたいと申し出があったときに「ん？」と感じたものの、そこであえて松田先生は最後までだまされることにしたわけである。きっとそれは、サプライズをされた側は驚きじょうずでないとサプライズパーティーのクライマックスが迎えられないとわかっているからだ。おとなには、あえてびっくりしてあげなければいけないときや、知っていることでも「ふ〜ん」と知らないフリをしなくてはならないときがある。それは、そのリアクションによって子どもたちの感情が揺さぶられるからなのだ。

寄宿舎にはこのように教育的場面が散りばめられている。生活の中にある一場面を切り取り、そこへどういうかかわりをするかによって、子どもたちの生活はおとな側からみると教育の場面に変化し、子ども側からすると成長の場面となるのだ。

❷生徒をプロデュース

入学当初から後ろばかりを気にしてしまうミツキは、登校時に急かされれば急かされるほど確認行動が多くなる。「きっと、中学時代から遅い行動に再三注意を受けてきたのだろう」と容易に推測できた。私はそんなミツキの確認行動を止めさせるのではなく、まずはとことんつきあってみることにした。けれど、とことんつきあうと半日が経ってしまう。じゃあ、その確認行動を私も請け負って手伝うことにしてみた。例えば、カバンに筆箱を入れたか、ジャージは持ったか、机の上に忘れ物は置いていないか等々の確認行動が出始めたら、本人より先にカバンを開けて、「筆箱オッケー！」「ジャージもオッケー」とガソリンスタンド店員のように大げさにチェックし、報告をする。

本人は「そっか、よし！」と言って、舎室から出て玄関へと向かう。けれどもやっぱり気になるので、廊下を歩きながら何度も後ろを振り返る。きっと、まだ気になることがあるのだろう。そこで、こんな提案をしてみた。「後ろが気になるなら、こんなふうに後ろ向きに歩いてみたらどう?」とやってみせたのだ。すると彼は「僕が後ろを気にするからですか?」と言って、私の姿を見ている。「そんな恰好で歩いていたら、壁にぶつかりますよ。でも僕っていつもそんなふうにしているんですかね？」。

彼はすぐに気づいてくれた。当然ながら、私は彼に提案どおり、後ろ向きで歩いてほしいと思っているわけではない。そういう行動をする彼に自分の姿を客観的にとらえてほしかった。彼は私の歩く姿と自分の歩く姿を重ねて、自分の行動を振り返ってくれた。自分を理解することが指導の出発点になるのではと指導のきっかけが見つかった。ユーモアが好きな彼は、それからというもの、私の顔を見るとわざと後ろ向きに歩いて笑いを誘おうとするようになった。

そんなお調子者のミツキなのだが、みんなからは「行動が遅い。時々変な行動をする」等と思われていた。こんな彼を主役にしてあげる方法はないか。自信をもてる機会があって、みんなから一目置かれる出来事はないか。そう考えていたときに、クリスマス会のステージ発表募集の提案が会議で出された。「あっ、これだ」と私は思い、下校後、迷わず彼に打診した。ミツキは、はじめは少し迷っていたが、具体的なプランをイメージできるように伝えると「やってみようかな」と満面の笑みで快諾してくれた。

ステージ発表は、日ごろから舎室などでやっていたＣＭのパロディを披露することにしたので練習は順調に進んだ。舎室時間に私とミツキが練習をしていると、同室の三年生（彼は入学時からミツキを支えてきた頼りになる先輩だった）が、「もう少し動きを大きくしたらおもしろいかも。ミツキより先生の方が張り切ってるし」などその様子を見て感想を言ってくれた。

「よし、舎室のメンバーを巻き込んで舎室の発表にしてしまおう！」と決めた私は同室の生徒二人にアシスタント役を命じた。アシスタント役のもう一人は、自分を出さない消極的な生徒だった。彼にとっても、主役じゃなくアシスタントとしてみんなの前に立つのは、人前に出るデビュー戦としてはうってつけだったのでいいタイミングだった。本番前の総練習で一部の生徒に初披露することになったが、そこでの反応は上々。本番へ十分な手ごたえをつかんだ。

ステージ袖での早着替えはアシスタント役に任せた。ＣＭパロディの発表内容に合わせて順番どおりに衣装を並べる準備だけを行なった。（どう着せるかはアシスタントである三年生がどうにかするだろう）。私はステージ前の映像を移すＰＣ機器前に陣取りながら彼らの姿を見ている。ミツキ特有の不安や確認行動から着替えに時間がかかり、音楽に合わせてステージに現われないのではという心配もあったが、出てこなければみんなは着替えにとまどっているなと、それはそれで笑いに変わるだろうと私も腹をくくった。本番直前、ミツキは心なしか緊張気味で、落ち着きなく確認行動が出始める。その姿を察知したアシスタント役の三年生がタイミングよく声をかける。「だいじょうぶ。一人じゃないから。さぁ出番だ」。

ミツキは一度も遅れることなく衣装を着替え、四回もＣＭ曲に合わせてステージに登場し、会場からたくさんの笑いをもらった。

私は彼の姿から成長を感じとることができた。舎室や廊下で披露していた特技をみんなの場で発表し、少しの自信を抱き、周囲からの目が変わる。本人だけではできないことを、おとなのかかわりで「その気にさせる」ことができ、さらには舎室メンバー全員で達成できたと私自身も誇らしく感じた日であった。

個人の良いところを探し光を当て、得意なことを発信することで自信や自己肯定感が得られればこれ以上のことはない。寄宿舎ではそれをきっかけに、舎室づくり、仲間づくり、集団づくりへと展開していくことが可能なのだ。

3　恋は無限のパワー

高等支援学校では、思春期・青年期といわれる難しい時期を過ごす子どもたちが多く在籍している。家庭環境の問題や中学校時代に受けたいじめ、抱えてきたトラウマ等々、一人では抱えきれない悩みや苦しみをもって入学してくる生徒も少なくない。高等支援学校入学を契機に、生まれ変わろうとする子、働くためになんとしても自分を成長させたいと強く感じている子など、不安の中にも希望をもって入学・入舎してくる。

さまざまな生い立ちを経た子どもたちが学校生活や寄宿舎生活をとおして、友達づくりや先輩とのかかわり、先生たちとの接し方など人間関係を学ぶ過程でもっとも心ときめかせるのが、異性との会話や寄宿舎という場での共同生活である。多感な時期の子どもたちの行動や心の変化、成長を身近に見ることにより、子どもの内面、その背景が理解できることもある。

とかく高等支援学校での恋愛はタブー視される面が多く、「恋愛問題＝性の問題」ととらえがちで、「問題行動」を未然に防ぐという指導が主流である。しかし、心と身体が急速におとなへ成長しているこの成長過程において、恋心を抱くこと、誰かを愛おしく思うことは、ごく自然な気持ちであり、抑えようにも抑えることができない人間としての感情ではないかと考える。

❶視線の先には先輩カップル

毎年、新入生は緊張の面持ちで新しいすみかとなる舎室に恐る恐る足を踏み入れる。しばらく泣きじゃくる子、物惜しそうに窓を眺めている子、とりあえずみんなが集う娯楽室などで寂しさを紛らわす子などさまざまだが、数日もすると気の合いそうな仲間、同じ雰囲気を感じる仲間を見つけグループができあがる。次は先生たちの評価や気になる異性の話題で盛り上がり始める。

寄宿舎のホールや談話室は、寄宿舎では男女生徒がともに過ごすことができる限られた空間である。お気に入りのアーティストのコンサートＤＶＤやアニメなどをみんなで楽しむ光景。雑誌を挟んで雑談している子どもたち。そこからは距離を置くように、少しおとなの空気が漂う、どこか落ち着いた先輩カップルたちが楽しそうに話をしている。それは、新しく入舎した生徒には、新鮮な光景であり、少しおとなの雰囲気を感じる姿かもしれない。

❷好きな人がいるから頑張れる

中学時代は、担任教師との関係が悪く、しばしば反抗的な態度を示し、教室から勝手に出て行くなどの行動が見られたカケルが入学してきた。

入学当初は、中学時代同様に学校で同級生や教師とのトラブルから暴力へ発展することもあった。職員の対応をよく見ており、「あの先生はよい、あの先生は悪い」と白黒を明確にしたいという性格も強かった。とかく自分には甘く、他人には厳しい態度になってしまい、自分の考えや行動を否定されることに過剰な反応を示す。

そんなカケルが二年生になったとき、イケメンを武器に後輩のカナと交際することとなる。ある朝、カナがムッとした表情をし、カケルからの呼びかけに応じない。相手の気持ちが理解できず、相手の行動にイライラしてしまうカケルだけに、そこに居合わせた私は（まずい！）と思わず身構えた……。「なんなのよ、あいつ。俺が話しかけているのに無視か！」と言ってケンカに発展するいつものパターンだ。

しかし、違った。カケルは「どうしたの？ 俺、何かした？」とカナの顔を覗き込みながら聞いたのだ。カナは、自分を表現するのが苦手な子で、すぐに答えることができずに、ただただ無言を繰り返す。本来であれば、「もう知らねぇよ」とカケルはさじを投げてしまう場面だが、そこは恋の力。じっと我慢して、カナが話そうとするときをじっと待つ。（カナのようなダンマリを決めこむ子はカケルを成長させてくれる絶好の相手になるかもしれない……）。

自分の非を簡単には認められず、なかなか謝ることができないカケルも、カナの涙には素直になってしまう。本当なら俺は悪くないけど、この場を乗り切るために、「ごめん」とあっさりとカナに歩み寄る。狭く閉ざされた態度に寛容さが加わる。「あいつ、そんな一面もあったんだ」と職員の印象もすっかり変えてしまう。その場を打開するための手段として、「謝る」ということは一つのきっかけになることを経験するのだ。教育としては、「謝る＝すべて解決」といったまちがった学習につながるという指摘もあるかもしれないが、相手の気持ち（泣いている、怒っている）を察し、相手の表情を読みとることは、相手へ歩み寄るプロセスとして、一歩前進となる。「あのカケルが交際？ だいじょうぶか」という同僚の心配の声があったなか、男女交際をとおして、カケルは相手に歩み寄ることを知ったのだった。

❸夢にまで見た交換ノート

男女交際の形として、彼女との交換ノートが寄宿舎で流行した。「先生には見せないから」と言いながらも、どこか誇らしげにノートを手にしている。男子には、ある種異質の可愛らしいノートに、ふだん文章を書くことが嫌いな生徒たちが自分の思いをしたためる。初めこそ張り切っている男子もしだいに「書くことねぇ〜」と飽きてくるのだが、交換ノートを行なっている男子が数人集まって、書く内容の情報交換をしたり、文章を書くことが得意な生徒が苦手な生徒にアドバイスしたりしている。就寝前の自由時間に体の大きい男子たちがノートを片手に一つの部屋に集まり、机に向かっている姿はなんともほほえましい光景である。ホームルーム担任へ提出する日記は毎日続かないが、交換ノートだけは忘れることなく継続している。

ある日、就寝時間が過ぎても、なかなか机の電気が消えない生徒に、「どうしてそんなに時間をかけて交換ノートを書いてるの」と尋ねると、「相手を傷つけないように書いている」と言う。(ほーっ)。自分の気持ちや感じたことを、不器用ながらも表現しようとすることがすばらしい。何より、生徒なりに相手の心にまで配慮していることがほほえましかった。ベッドに入り、目を閉じて、同じ寄宿舎で生活し、壁の向こうで同じように目を閉じている相手を思いながら眠りにつく経験なんて、そうはできない。

❹「ねぇ、先生。きれいな別れ方ってあるのかな」

夏休みを終え、長い二学期が始まる始業式。私が担当するカズヤが下校してくるなり、大荒れであった。カズヤの乱心は想像していた。交際相手のミクから別れ話をされてきたのだ。遡ること数日、夏休み中ではあったが、ミクの気持ちがカズヤから離れたという情報が寄宿舎にも入っていた。ミクが同じ養護施設で暮らす他の学校の子に好意を抱いたのだった。ミクの気持ちの変化を今日知らされたカズヤだったのだ。カズヤは結局、その日は自宅にいったん帰ることを決めた。翌日、ミクからカズヤの担当である私に話がしたいと申し出があった。

「夏休みにいったい何があったの？」（ちょっととぼけて私は聞いてみた）

「一言でいうと、浮気」

「浮気っていうと、本命がいるけど、ちょっとした機会で気持ちがふらついてしまったということだけど、そういうことかい？」

「カズヤの代わりというか……。六～七月ごろからその浮気相手は気になっていた。友だちを通じて、好きだということは伝えられていた」（同じ養護施設の彼のことは、その後も「浮気相手」という表現を使う。この後、夏休み中の出来事を詳細に語るが、これ以上話は膨らませないこととする）

「今のカズヤに対する気持ちは？」

「ん～複雑」

「複雑っていうことは、いくつかの気持ちが混ざっているということだけど、どういう気持ちが混ざっている？」

「カズヤから今日学校でケンカを売られて頭に来た気持ちとうちのせいで来ていないという気持ち」

「カズヤにはまだ気があるの？」

「わからない。つきあっていたときは何か共感していた」

「共感？」

「カズヤがイライラしているときは、『わかるよ』って言ったり。カズヤが授業を抜けたときはうちも抜けたいなみたいな。チャラチャラしていた」

「それはカズヤのせいではなく、ミクの気持ちが弱かったところでしょ？」

「それはそうなのはわかっている」

「先生からひとつ聞きたいのだけど、お別れはどうして手紙で伝えたの？」

「別に」

「手紙でというのはないかな。少なくとも四月一六日（この日は記念日だと、カズヤからよく聞かされていた）から、夏休みをはさんで四か月つきあっていた彼氏でしょ。その彼氏に手紙でちょっとすますっていうのは優しさが足りなかったかもね。相手の立場に立ったら、しっかりと直接言葉で伝えてほしいと思うよ。そういうことをミクは考えられたのではないかと思うけど。少しやり方が雑だったかな。たぶんそれって、ミクは夏休み中に気持ちを整理してきたからでしょ？　でもカズヤは、そんな気持ちはなく、まだつきあっていると思って楽しみに二学期に帰ってきたんだと思うよ。そんな気持ちの人に、そんなお別れの仕方はない。相手の気持ちを考えるということが少しできるようになるといいね」

「カズヤは始業式の日はなんで帰ったんだろう？　みんなは、調子が悪かったっていうけど」

「逆に、何でだと思う？」

「フラれてショックだったから？」

「カズヤに聞いていないけどたぶんそうじゃないかな。普通はフラれると落ち込んだ気持ちになるし、月曜日から金曜日までミクと顔を合わせることとなるから長いなって考えたら、もうこの場にはいたくないって考えたのかもしれないね。そういうことが相手の気持ちを考えるということだよ」

「ん〜、そうだよね」

「ねぇ、先生。きれいな別れ方ってあるのかな？」

この問いには、私も即答はできなかった。どう伝えるのが最良なのか、その場ではすぐに思いつかなかった。

思春期の子どもたちの「恋バナ」は明るいことばかりではない。しかし、恋をすることで子どもたちは大きなパワーをもらえることもあるし、一方で、相手の気持ちを考えたり、自分の行動が相手にどういう影響を与えるのかを考える学習場面にもなるのだ。正解を導き出すことは難しい。学校で学ぶ教科にはそれぞれ明確な答えはある。ただ、生活の中では、すぐに答えが出せないものやそもそも答えがないこともある。おとなも答えられない、先生だってわからないこともあるのだということをともに生活するなかで知ってもらうことも必要だ。答えを探りながら、子どもたちとともに考えていく過程も生活をともにするなかで学ぶということなのだ。

❻人を好きになることって

消灯後、ふとんに入って、「今頃、彼（彼女）は何をしているかな」と気持ちをときめかせることは、今しかできない大きな宝物。ラブレターを書くことで「表現すること」を学習したり、相手を傷つけない言葉選びを通して「気遣い」を学ぶ。職員へ悩みを打ち明け、相談することで、自分以外の価値観を知る。自分の成功体験から友達を励ましたりする。ときには、お節介をされることで失敗も学ぶ。

人を好きになることは、他人に対する興味の深まりの表われであったり、ときに保護者からの自立にも結びつく。これまでの人間関係の乏しさから、他者を理解しにくい生徒にとっては、好きになる相手が出現することで、相手の良い点はもちろん、欠点までも理解しようという気持ちになるかもしれない。恋愛から何を学ばせるかということは、我々おとなの目線であり、人を好きになるという純粋な心情が彼らの心に新しい何かを生み出すきっかけになる。異性に憧れたり、好きな人にときめくこと自体が彼らを大きく成長させる出発点になりうる要素なのだ。恋愛に身を置き、失敗や成功を通して、自分の行動を振り返り、さらに相手の心を読みとろうとする力が養われるのだ。寄宿舎生活で心の葛藤と向き合い、好きになった相手とのかかわりで一喜一憂することは、我々が仮想の場面を作り出すことより、はるかに実体験をとおして確実に学ぶ機会になるのだ。そこに、おとながそっと寄り添い、子どもの気持ちを理解してあげたうえで、アドバイスを送ることが成長する過程で彼らへの追い風になることを信じたい。

子どもの恋の見守りは、保護者ではなかなか難しい。親でもなく学校の先生とも違う寄宿舎の先生による「見守られた恋愛」のなか、彼らが成長を遂げるかどうかは私たち自身の寄り添いにかかってくるのではないだろうか。

4　こころが育つ瞬間を

さまざまな家庭環境や歩みを経て、本校へ入学してくる生徒は、障がい名だけでは片づけられない困難さを有している。ときには、二次的な障害が表面化することもある。生育歴などを把握し、整理すると同時に、卒業後に向けた力をしっかりとつけさせることは、高等支援学校の重要な役割である。トラブルは、指導と成長の好機ととらえ、問題をより具体的にかつ本人がわかりやすい形で問い返し、自分の力で考えて、どうするべきであったかという答えを自分で導き出すことが、本人にとって大きな成長となる。

心が揺れ動くこの青年期に寄宿舎で集団生活を送ることになれば意見の衝突はつきものである。友達との何気ない会話で怒りを覚えたり、女子生徒を取り巻く恋愛関係で友人関係が乱れることもしばしばある。そんなとき、生徒どうしの話し合いに加えて、おとなが仲介に入ったり、気持ちのすれ違いを図解にしてわかりやすくする役割を担うことで、トラブルを繰り返さなくなることが望ましい。集団を形成しながら、ルールというものを知り生活することで自分の行動に「待った」をかけたり振り返る機会がこの寄宿舎にはあふれている。そして、「自分の殻を破った瞬間」「歩み寄ろうとする気持ち」を子どもたちとともに喜び合いたいと思う。相手の立場に近づこうとする心の成長は、我々が考えるよりもはるかに、長い人生において意味のあるものであると確信している。

寄宿舎という生活の場では、卒業後に経験するだろう場面が多く存在する。先輩やおとなとのかかわり、働くために最低限必要な生活リズム（食事、睡眠、基本的生活習慣など）、翌日に向けた気持ちの整理など人格形成に大きな影響を与える時間を過ごすこととなる。卒業後の生活と寄宿舎生活が乖離することが最小限度になるように、つねに、卒業後を視野に入れた生活を意識した指導が必要である。

先日、卒業を間近に控えたある生徒からこんな言葉を聴かされた。

「家に一人でいるときはつまらなかった。定時制高校に行ってたときは学校がおもしろいと思ったことがなかった。何か自分はおかしいと思って、母に相談したら通院を勧められた。医者から障がいだと言われてどこかすっきりした。ここの学校に来て楽しい。家に帰るといつも暇だったのが、寄宿舎に帰ることで友達とおしゃべりできることがうれしい。ちょっと、寝るのは早いけど……」

寄宿舎では、下校後、「先生、今日の作業めっちゃ疲れたわ〜」「あの先生、意味わかんね〜」と子どもたちから何気ない一言が発せられる。子どもたちはつねに何かアドバイスを求めているわけではなく、つまらない愚痴や心のイライラを聞いてほしいだけだと思う。「そっか、それで……」と、我々が話の続きの場や時間を与えたり、自然と自分の弱さを安心してさらけ出すことができる安心なおとなとして存在することが、彼らの生活に意味を与えると信じている。なかなか自分を受け止めてもらえなかった子どもたちは、仲間との生活で自分の居場所を見つけることが大切である。安心できるおとなに適度な距離で見守られながら、仲間どうしで築き上げていく毎日の経験が思春期や青年期には必要なのだ。

寄宿舎実践に必要なことは、こころが揺さぶられる瞬間、こころが動くやりとりを作ることにある。それはときには指導者がめんどうになることであるし、時間がかかることでもある。さらに寄宿舎という場所は教育的側面もありながら、そこに生活が根づいている。すべてが指導の場面だとおとなも子どもたちもしんどい。ここだという場面での生活経験や生活体験をとおし、そのやりとりや場面を作り出していく。あらかじめ計画された教育活動だけが教育的場面ではない。生活を送るなかで突発的に起きた出来事やトラブルが指導のチャンスである。寄宿舎という場は教育課程や指導カリキュラムがあるわけではない。生活の一場面をどう切り取って指導的側面に変えていくかは寄宿舎の大きな醍醐味であるのだ。今、寄宿舎では「生活の場面を切り取る力」が求められているかもしれない。子どもたちの生活場面には数多くの教育的場面が存在するが、決して決まったものではなく、偶然的、奇跡的に起こりうることもある。予定や想定にはないことも起こる。それは今日かもしれないし、明日かもしれない。生活をともにするなかで指導者が空間や時間を共有しながら、指導的な雰囲気ではなく自然な形でかかわっていけるかということが求められる。生徒の何気ない一面が見られたときは、喜びをかみしめつつ、その事実をかみ砕いて言葉にしてあげたり意味づけてあげることが、子どもたちにとって、その出来事を焦点化し成長の糧となっていくのだ。

学校を卒業し、何気ないときにふと寄宿舎生活を思い出したとき、懐かしさを感じたり、みんなと過ごしたあの日の夜の切なかった気持ちが蘇ることもあるだろう。それが、大きく成長した彼らの背中を押す存在としての「思い出の寄宿舎生活」であることを願いたい。

＊登場人物仮名である事を付記しておく。

4 「チーム青春の日々」
――輝いた高等部生活からはばたいて

「先生、佳奈ちゃんと考えたんですけど、LINEのグループ名〝チーム青春の日々〟ってどうですか?」

卒業して間もない三月終わりに、七緒からラインが入った。私は一瞬、なんだか歌謡曲の曲名みたいだなと思ったが、七緒と佳奈の二人が自分たちの高等部生活を振り返り、「毎日が楽しかった!」「大事な仲間ができた!」と思って、その名前を選んだのだと思ったら、何だかとてもいい名前だなと感じた。

七緒や佳奈は肢体不自由特別支援学校高等部にこの春まで在籍していた。二人は同じ二分脊椎で両下肢が完全麻痺。外見もどことなく似通っていて、「七緒～!」と呼びかけたら佳奈だったなんていうこともよくあった。同じ教育課程だったので、一緒に授業を受けることも多かった。仲間であり、友達であり、ライバル。二人は一言では言い表わせない近い存在だった。他に気管切開をしていて常時排痰や吸引などの医療的ケアが必要な里那、右麻痺で側弯があり内言語は豊かなものの発語はほとんどない美菜江がおり、特別支援学校には珍しく女の子だけ四人の学年だった。この学年を私も含めた教師四人で担任していた。

本校高等部は四つのコースに分かれている。Iコースは自立活動主体の教育課程であり、医療的ケアのある生徒や重度の知的障がいを併せ持つ生徒が対象である。私たちの学年では里那や美菜江がⅠコースである。Ⅱコースは知的代替の教育課程であり、知的障がいのある生徒に対する教育を行なう特別支援学校の各教科を選択して学習する生徒が対象である。七緒や佳奈はⅡコースに所属していた。Ⅲコースは下学年適用のコース、Ⅳコースは高等学校の指導要領に準じたコースとなっており、知的障がいのない肢体不自由のみの生徒が対象である。私たちの学年にはⅢ・Ⅳコースの生徒はいなかった。

　幸いにも私はこの子たちが高等部に入学してから三年間、持ち上がりで担任することができた。ここでは高等部に入学してきてからの七緒の成長を、学習してきた内容と合わせて振り返ってみたい。

1　七緒のプロフィール

　七緒は小学部三年生まで本校に在学していたが、四年生の時に地元の小学校に転校し、中学部進学と同時に本校に戻ってきた。中学部ではⅢコースで学習していたが、高等部入学を機にⅡコースに変更していた。高等部入学当時の七緒の印象はいつも笑顔で、誰とでもすぐにコミュニケーションを図れる生徒といったものだった。半面、教師やおとなの求める答えに合わせて、優等生的な意見を言うことも多かった。私は、七緒は本当の自分の気持ちをさらけ出すことが苦手なのではないかと思った。一年生のときは、宿題を忘れたときや導尿の道具を忘れたときに、それをごまかそうと嘘をつくことが多かった。それを問いつめられると、胸に手を当て（落ち着け～……落ち着け～）と何度も自分に言い聞かせるように深呼吸してから、「実は……」と本当のことを言い出すことがあった。また不安なとき、ストレスがかかったときには爪を噛む癖があり、両手の爪はほとんどない状態がつねだった。

身体の面では上半身は比較的自由に動くものの両下肢麻痺のため、三時間おきの導尿が必要だった。中学部までで、ある程度自己導尿が確立してきてはいたものの、導尿の持ち物の準備や手順を守ることなど、まだまだ課題は多かった。とくに必要な持ち物を親に伝え、買ってもらい学校に持ってくることが本当に苦手だった。連絡帳（下校前に今日の振り返りと明日の日課、持ち物などを自分で記入する）に「カテーテル」や「ビニール袋」などと記入しても、親になかなか伝えられず、持ってこられないことが多かった。当時、七緒の母はスクールバスで帰った七緒を迎え、夕食の支度を済ませてから、また働きに出かけていた。忙しい母親になかなか言い出しにくかったことや、帰宅後はテレビを観て過ごす日課になっていて彼女自身がめんどうくさがったことが要因だろう。学校でも忘れ物や宿題をやってこなくても、その場だけやり過ごせばなんとかなるといったふうにも見えた。

七緒は両親と兄、年の離れた妹と一緒に暮らしていた。自宅はバリアフリーになっていないため、車から玄関まで親に下ろしてもらった後は、いざって居間に移動していた。帰宅後はテレビを観て過ごすことがほとんどだった。また家族五人の荷物が部屋の中にあるため、床座位で過ごす七緒にとって、導尿に必要な道具や学校の持ち物を探すことや自己導尿に必要な清潔を保つ意識を向上させることは難しかった。

七緒は寄宿舎を週に一回利用していた。バリアフリーの寄宿舎で、洗濯物をたたむ等、自分のできることを少しずつ増やしたり、友達と一緒に活動したりすることはとても楽しく、よく寄宿舎の様子をうれしそうに話してくれた。ただ「妹は今日レストラン行くんだ……」と時々寂しそうに話すことがあった。七緒が寄宿舎に泊まる日は、家族が外食に行くことが多く、七緒は寂しさも感じていた。妹が生まれる前までは七緒中心だった生活も、生まれてからは両親の気持ちが妹に向いてしまい寂しいと、彼女自身感じている様子だった。

二年生のときに「わたしの夢」という題で描いた絵には、将来の生活を夢見る七緒の上に母親が描かれ、「お母さんにいいこいいこしてほしいんだぁ」と美術担当の琴音先生にこっそり打ち明けてくれたそうである。

2　どのような学習内容を用意するか

私たち教員集団は七緒を含む四人の生徒の実態を話し合い、どんな教育課程で、どんな学習内容を用意したらよいか話し合った。自分の本当の気持ちを表現することが苦手で、家庭環境や障がいからくる移動・参加の制限を受けて生活体験が不足している七緒。「いつも受け身で自分の気持ちを表現するのが苦手」「新しいことに興味・関心をもち、体験を通して生活の幅を広げること」。これは四人の生徒全員が課題として抱えていることだった。

肢体不自由をもつ生徒はいつもまわりの家族や教師、支援者から何かしらの援助を受けて生活している。その中でどうしても受け身になったり、支援者の気持ちや事情を察して自分の気持ちを言い出しづらかったりしがちである。また放課後等デイサービスや移動支援などのサービスが充実してきてはいるものの、家庭環境によってはサービスの利用につながらず、移動や参加に制限がある生徒も多い。

私たちは生徒のこれらの共通する課題から、七緒や佳奈、里那や美菜江に「できるだけ主体的に、やりたいことを自分で選び取ってほしい」「新しい経験をして生活の幅を広げてほしい」と考えた。

3　自分たちで創った修学旅行

七緒は兄の部活動の遠征に行き応援するぐらいしか県外に出かけることはない。自宅から出かけるだけでも、家族の力が必要で、自分の力だけで移動するのは難しい七緒にとって、学校で行なわれる校外学習はとても貴重な機会だった。せっかく、テレビやインターネットで知った興味のあることや行きたい場所が見つかっても、実際に経験することは難しい。自分のやりたいことをかなえる経験が圧倒的に不足していること。これが七緒たちを受け身にしている一因ではないかと私たちは考えた。そこで七緒たちに自分たちで修学旅行の行き先や学習内容の一部を決めてもらうことにした。

最初に取り組んだのは、教室に東京のガイドブックを置くことだった。休み時間にいつでも見られるようにしておき、自分が行ってみたい場所ややってみたい体験に付箋を貼っていった。自分で指さしたり言葉で伝えられたりしない生徒には、ガイドブックを一緒に見て、目線の動きや表情で（笑顔になった等）好きな活動を選んでいった。七緒もうれしそうにガイドブックを開いては、「あっ！　ここ見たことある」とか「スカイツリーにいってみたい！」と付箋を貼っていった。

次に生徒みんなが興味をもった内容や東京に行くときに最低限知っていてほしい街を合わせて、いくつかの街を選んだ。新宿、品川・羽田、浅草、渋谷、上野、秋葉原、東京、原宿、スカイツリー、築地。これらの場所の魅力を教師がプレゼンし、生徒がその中から修学旅行の行先を選ぶことにした。

アイドルやジャニーズ好き、可愛いもの好きの生徒もいたので、秋葉原や原宿、渋谷など若者向けの街が選ばれるかと思いきや、七緒や佳奈たちが選んだのは、スカイツリーや浅草、月島だった。理由を聞いてみると、佳奈は「浅草でおみくじを引いてみたい」「月島でもんじゃ焼きを食べてみたい！」、七緒は「一度スカイツリーに登ってみたい」と話していた。私たち教師は生徒の好みを考えて「オリジナルの修学旅行を！」と意気込んだものの、生徒の中には、修学旅行と言えば○○！　東京と言えば○○！　といったイメージがすでにあり、選んでみたら、月島でもんじゃ焼き→東京スカイツリー→浅草・仲見世・浅草寺、という自由散策コースとなった。肢体不自由があり、家と学校以外の場所へ出かける体験の少ない七緒たちにとって、テレビの中で見たグルメ番組や旅行番組、ニュースなどが興味・関心をつくる中心だった。そのため誰もが一度はしたことがあるような典型的な観光や体験に憧れをもったのではないだろうか。

そして修学旅行当日。七月の暑い日だった。最寄りの駅に集合して特急に乗って東京に向かった。月島ではお店の人の説明を聞きながら、自分たちでもんじゃ焼きを作って食べた。月島からスカイツリーに向かっての移動は地下鉄だった。この月島から押上までの移動は、乗り換えが一回で駅のエレベーターと改札の位置もわかりやすかった。そこで自分たちで事前にインターネットを使って時刻表や乗り換え方等を調べ、自分たちだけで移動することにした。私は「先生たちは後をついていくだけだから」なんて言いながら、後ろから見守った。七緒たちは駅の表示や看板を見ながら、あっちへ行ったり、こっちへ行ったりして右往左往したものの、なんとかスカイツリーのある押上駅までたどり着くことができた。

もう一つの取り組みとして「写真」があった。七緒たちは前年度、美術の学習の中でカメラを使って写真を撮る学習をしていた。本人がおもしろいと思ったもの、興味をもったものを撮影した写真は、おとなには撮れない角度や見方で撮影されたものが多く（もちろん、床？　みたいな写真もあった）、とても魅力的だった。そこで生徒一人ひとりにレンズ付きフィルムカメラ「写ルンです」を修学旅行に持たせることにした。渡された「写ルンです」は二四枚撮り。修学旅行の三日間で一日八枚ずつくらい撮ればいいかな、と算段していたが、七緒は初日、二日目で一〇枚ほどしか撮らなかった。私が「もっと撮った方がいいんじゃない?」と声をかけると、七緒は「私、三日目の水族館が楽しみだからとってあるの」と答えた。デジカメとは違って、限りのある枚数の中で、一度撮影したら取り消すこともできない。修学旅行で、いつどんな楽しいことがあるのか、今目の前にある景色は二四分の一に値するものなのか、いつシャッターを切ればよいのか、彼女が決めかねているように私は感じた。デジカメ背面の大きな画面で撮影することに慣れた現代っ子にとって、ファインダーをのぞいて写真を撮ることはとても難しい。しかし七緒は楽しみに枚数を残していた水族館で、水しぶきのかかる至近距離に座り、いつイルカが飛び出してくるかタイミングをみはからってカメラを構え、光と影が交錯した中を跳ぶイルカをとらえた奇跡の一枚を撮影することができた。旅行から帰ってから現像した写真を並べて簡易のアルバムを作った。もちろん、うまく撮れた写真ばかりではなかったけれど、旅行の中で感じた瞬間、シャッターを押そうと自分で決めて押した結果を収めたアルバムを、彼女はうれしそうに私に見せてくれた。

肢体不自由がある人でも、支援者の手を借りて外の世界へ出かけたり、人によっては自力で遠くまで出かけたりする時代になってきた。今回の修学旅行で七緒や佳奈が体験した、「自分たちで時刻表を調べて地下鉄に乗ってみること」や「カメラで自分がいいなと思った景色や人・物を撮ってみること」は、本当に本当に小さな一歩だと思う。しかし、日常生活のほぼすべてを、家族とはいえ、他者の力を借りなければ実現できない彼女たちにとっては、教師が大枠を創った修学旅行の中であったとしても、自分が決めたことを自分の力で実現し、達成することは自分に自信をもち、生活の主体となる一歩になるのではないかと私は考えた。

4　創作劇『君にとどけ！』

私たちの学校では毎年一〇月に学園祭が開かれる。その中で小学部・中学部・高等部、学部ごとに劇の発表をしている。高等部では毎年、その年の三年生が中心になり、学部の発表内容を決め、総合的な学習の時間を中心に取り組みを進めている。学園祭前一か月になると特別日課が組まれ、毎日一回は劇の取り組みがなされる大きな行事である。

本校高等部は人数が少ないため、修学旅行を二、三年生で行なう。そのため二年生で修学旅行に行く学年と三年生で行く学年がある。前者の場合は三年生になってからの総合的な学習の時間を夏休み前まで使って、学園祭に向けて内容を積み上げていくことができる。反対に後者の場合は七月まで修学旅行に向けた取り組みが続いているため、その他の時間を使って準備をしなければならない。七緒たちの学年は三年生で修学旅行に行く年回りだった。

七緒や佳奈も三年生になってすぐに修学旅行の学習と並行して学部発表について考え始めた。準備は私が担当していた週に一回の自立活動の時間を中心に進めた。主に人間関係の形成やコミュニケーションをねらいに、劇づくりとおして自分の気持ちを知り、考えを整理して他者に伝えること等に取り組んだ。

まず、どんなジャンルの劇にするか考えた。修学旅行の旅行先を選んだのと同じように、テレビドラマなどでよく観るジャンルを七緒たちと一緒に挙げ、その中から今年やってみたいジャンルを選んだ。挙げられたジャンルは「医療系」「刑事物」「時代劇」「恋愛物」「アイドル物」「ミュージカル」「青春物」「戦争」「コメディ」などだった。その中から七緒たちが選んだのはやはり、「恋愛物」と「青春物」だった。

次に何をテーマに据えるか考えた。佳奈からは「観ている人が感動するような舞台にしたい！」という意見が出された。私が「観客は、できなかったこと、苦手なことを一生懸命頑張っている姿とかに感動するんじゃない」と話すと、二人は自分たち三年生四人が苦手なこと、頑張っていることは何か挙げてみることにした。

二人は「里那はしゃべれないけど、顔の表情や目の動きで自分の気持ちを伝えようと頑張ってる」とか「美菜江は手拍子で自分の気持ちを伝えるのを頑張ってる」といった意見を出した。ふだん一緒に授業を受けることは少ないが、三年間いろいろな活動を一緒にしてきた学年の仲間のことをよく見ているな、と私は感じた。それから佳奈は「自分はお母さんに自分の気持ちを伝えるのが苦手」と言い、七緒も「私もお母さんに伝えるの、苦手」と同調した。私はホワイトボードに二人の意見を書き、学年四人に何が共通しているのか考えるよう促した。すると七緒も佳奈も「〝伝える〟かな」と気がついた。「確かに『自分の気持ちを相手に伝えること』が共通のテーマだけど、ちょっと堅いなぁ……もうちょっと学園祭のテーマらしく（学部の皆で「おぉー！」と盛り上がれるように）できないかな」と私が水を向けた。すると七緒が「『相手』を『君』に、『伝える』を『届け』とかにしたらいいんじゃない」と言った。「君にとどけ！」というテーマが決まった瞬間だった（『君に届け』という漫画・アニメがあるがとくに原作にはしていない）。

東京への修学旅行に行って経験した内容とジャンルとテーマを踏まえて、私が大まかなあらすじを考えた。

「君にとどけ！」あらすじ

主人公は地方に住む一八歳の女子高生。アイドルに憧れ、上京して東京で暮らす。都会での暮らしのなかで寂しさを感じる主人公。そんなときもずっと支えてくれた故郷の幼なじみが事故に遭う。主人公は幼なじみの元に駆けつけ、二人は結ばれる。

学年の教師陣に協力してもらって、あらすじに手描きの挿絵を入れ、絵本を作った。その絵本をもとに七緒と佳奈が受けている国語の中で、登場人物の名前や人物設定、ポイントになるセリフやその場面の気持ちを考えて、物語を創っていった。

主人公の名前は、四人の名前から一文字ずつとって「みなみ」。主人公の憧れるアイドルは佳奈が好きなアイドルと同じ「山田君」、主人公の母親の趣味は携帯電話のゲームをすること等、自分たちの経験の中から人物像を設定していった。セリフづくりでは、二人の感情のこもったセリフを考え、物語がどんどん生きとしていった。たとえば主人公が東京でアイドルに会って握手してもらったときの気持ちを七緒は「やばっ！　いい匂いがした。私、今夜眠れない。やっぱり東京にきてよかった」と書き、ラストの告白シーンでは「実はね……。私、幸介（幼なじみ）のことが好き！　だから死んじゃったら困るの！　お願い。もうずっと私のそばにいて！」と佳奈は書いた。物語が、教師が書くだけでは生まれない、高校生の感情がこもったものに変わっていった。

私が給食のときに国語の様子を聞くと、七緒も佳奈も口を揃えて、「もう、きゃあきゃあ言いながら！　大騒ぎでしたよ。ね、愛先生」と国語を担当している愛先生に同意を求め、充実した表情で答えてくれた。

学園祭が近づき練習が始まってからの様子も、一、二年生の頃とはだいぶ違っていた。以前はなかなかセリフが覚えられず、何度も教室で覚え直しをしていた七緒が、ほとんどセリフをまちがえることなく取り組んでいた。また彼女はどちらかというと感情を込めてセリフを言ったり、演技をしたりするのが苦手だったが、場面に合わせた表情やジェスチャーを見せるようになった。

本番では主人公の「みなみ」を三年生四人でリレーすることにした。重度の障がいがあり医療的ケアの必要な里那は携帯のラインの文章を送る場面を担当した。椅子の上で座位姿勢を取り、自分で重心を少しずつ移動させ、頬でスイッチを押すと、あたかもラインを送っているかのようにLEDのケーブルが光り、スクリーンにはラインの文章が浮き上がった。意図して動かせる可動域の少ない彼女が、スイッチを押そうと一生懸命に体を起こす姿は観客から大きな拍手をもらった。美菜江は都会の暮らしに疲れベッドに倒れ込む場面を担当した。練習ではベッドから落ちないように教師が後ろについて倒れるきっかけの合図を出していたが、本番ではマイクのトラブルで、誰もついていない状態で幕が開いてしまった。美菜江は少し不思議そうな表情を見せながらも、練習どおりパタンと倒れ込み、やることをよく理解しているなと教師を驚かせた。佳奈はラストシーンの告白を担当した。キスすることも抱きしめることもしない。佳奈の「好き！」の告白に、幼なじみ役の下級生が優しくポンポンと頭をなでるシーンは、初々しい二人の精一杯の演技だった。七緒は上京に反対する両親に気持ちを伝える場面を担当した。「今はとくにやりたいことが決まっていないけれど、東京にいけばもっと楽しいことや、新しい自分に出会えるかもしれないの！」という自分たちで考えたセリフに感情を込め、必死にお願いしていた。現場実習や進路学習、進路懇談等をとおして自分で進路は決めたものの、将来に対する期待や不安をもつ七緒の気持ちとシンクロしていた。四人が揃って踊った『V

IVA！　をとめたち』は恋する気持ちや仲間と一緒でうれしい気持ち、一つのことを皆でできる幸せがつまっていた。あの瞬間、確かに青春がそこにはあった。
舞台終了後、校内の教職員や児童生徒たちにどんな気持ちが届いたのか。廊下に貼った模造紙に感想を書き込んでもらった。

「高校生の今この時を感じて、夢やあこがれを追って生きていくこと、大切なものや人に気づくことの大切さを感じました。青春ど真ん中で熱い思いを感じました。」（小学部職員・四〇代女性）
「高等部の生徒らしく、元気でさわやかに演じていたのが印象的でした。青春ドラマのような物語は、とても楽しかったです。仲間や友達、家族を思う気持ちは大切にしたいですね。」（中学部職員・五〇代男性）
「友達や好きな人、あこがれの人がいることって、すてきだなぁと思いました。そして劇を通して、高等部の皆さんが観ている人にいろんな気持ちを伝えたい！　というのがすごく伝わってきて感動しました！　泣きました！」（小学部職員元担任・三〇代女性）
「女子高生になりきっていてよかったです。いい物語で感動しました。恋っていいですね。」（中学部生徒）
「何年かぶりに甘酸っぱい気持ちになりました。演技がみなさん上手で引き込まれました。」（寄宿舎指導員・三〇代男性）
「美菜江、本当によく頑張りました。美菜江の成長に涙が出てしまいました。本当に良い思い出になりました。」（美菜江の母）
「自然と涙が出ちゃいました。感動しちゃったよ～」（高等部生徒妹・小学一年生）

「お母さん、『どこまでもどこまでも（ラストの歌の歌詞）』かけて！』と娘にせがまれました。」（高等部職員）

確かに七緒や佳奈たちが創った舞台は、観客に青春と感動を届けていた。七緒も佳奈も廊下に貼り出された感想を見て、うれしそうに「△△先生、こんなこと書いてる～」と話していた。自分たちの創った物語が大勢の人に届き感動させた事実は、彼女たちに自信をもたせ、自分の気持ちや考えを堂々と伝えていいんだという気持ちにさせていたように思う。

5　七緒の成長

修学旅行や学園祭の発表を経て、七緒の様子に変化がみられた。今までは教師に言われてからやっていたことを、自分ですることが多くなってきた。たとえば、生徒会の全校集会があり、制服が必要だったが（ふだんは動きやすい服装で登校している）、私が連絡を忘れたことがあった。それでも自分で考えて制服を着てきた。玄関で私が「よく着てきたじゃん！」と声をかけると、「佳奈ちゃんと（ラインで）相談して、必要だよね、って」と誇らしげだった。衣服を取り出すのもひと苦労の自宅から、おそらくちゃんと母親とも話をして制服を用意して着る。小さなことではあるが肢体不自由のある彼女にとって主体的に動き、かつ他者に発信しなければできない姿であった。また卒業間際に、これまでの高等部生活を振り返る作文を書いた。その中では自分たちで考えた物語を発表したこと、気持ちを込めてセリフを言えるように、台本に声の大きさの強弱がわかるマークを付けたことなどが綴られていた。また、「海外旅行に行きたい！」「いつか結婚したい！」という将来の夢も具体的に語っていた。国語担当の愛先生は「ちゃんと自分で考えて書けるようになってきた。ほぼ直しなしです」と感心していた。

生活の幅を広げることは学校生活だけではなかなか難しい。七緒にとっては高等部二年生の時から放課後デイサービスを利用し始めたことが大きかった。家ではテレビか携帯で遊ぶことしかできない彼女も、毎日、放課後に送迎車に乗って事業所に行き、さまざまな体験ができるようになった。一緒に利用している子どもたちとカードゲームをしたり、さおり織りを使った作品づくりをしたりと、さまざまなプログラムが用意されていた。家では宿題をする場所もなくやる気もおきなかった彼女が、毎日事業所で宿題を確実にできるようになり自信を深めていった。

6　高等部生活に求められるもの

私はこれまで何度か特別支援学校の高等部で卒業生を送り出してきた。どの学年でも、生徒が卒業間際になるとなぜか飛躍的に成長し、生徒どうしの絆がぎゅっと強くなるように感じている。小学部、中学部と合わせた一二年間の学校生活で積み上げてきたことが、ぱぁっと花開くような瞬間に立ち会えることは本当に幸せなことだと感じる。

では生徒の長い人生の中で学校生活、その中でもとくに高等部生活とはどんな意味をもつのだろうか。

初めて特別支援学校の高等部を担当することになった教師になって二年目の頃、先輩の教師から言われたことを思い出す。「小学部、中学部はね、風呂敷を少しでも広げて広げていく段階。高等部は今まで広げた風呂敷をじょうずに包んで、その子の背負いやすいようにしてあげるのよ」と教えてくれた。「なるほど……」と私は納得したのを覚えている。小学部、中学部では主に自分の身のまわりのことや基礎的な認知の力を高めること、自分と他者とのかかわり方などを積み上げ、できることをどんどん増やしていく時期。高等部はこれまで培った力を使って、自分らしい生き方、暮らしを模索する時期ということだろうか。

しかし現在の特別支援学校の高等部においては、短期的に結果が見いだせるようなスキルの獲得や、企業が求める人材になるためには○○せねばならないといった偏った「キャリア教育」が求められることも多い。

高等部三年間は長い人生の中で、本当に短い期間である。その中で身につけられるスキルは非常に限られてくる。スキルの獲得のみを目的とするのではなく、生徒が自らの人生の中で主人公になり、世界を少しずつ広げていけるようにすることがとても大切である。それが高等部で身につけさせたい第一の力ではないかと思う。七緒や佳奈たちが自分たちで修学旅行の行き先を決め、学園祭の劇の設定やセリフを決めたことで、自信をつけ主体的な姿を見せたのと同じように、たとえ稚拙でも自分で決めたこと、選択したことが尊重される経験をすることが人生の主人公になる一助となるのではないだろうか。

一般に高等部段階というと、こうありたい自分と、そうならない現実との間で葛藤したり、悩んだりすることが多い。しかし七緒や佳奈のような肢体不自由のある生徒たちとかかわっていると、その時代に入る以前の幼さを感じずにはいられない。生活の中の、「食べる」「着替える」「お風呂に入る」「排泄する」といった基本的な部分からすべて他者の協力、介助がなければ生きられない状況が幼さを形作っているのだろうか。人は幼少期には「ねぇねぇ、お母さん、秘密だよ」と、自分の秘密を他者と広く共有したがる。そして学齢期になると仲間をつくり、その中で秘密を保持する。思春期になると誰にも言えない、自分だけの秘密をもって自立すると聞いたことがある。つねに誰かと一緒にいて他者の介助が必要な状況は、彼女らが自分の気持ちに気づき、向き合い、自己を確立することを難しくしているのかもしれない。そんな生活年齢と内面の幼さのギャップを抱える彼女たちにとって、劇づくりをとおして自分たちで登場人物の気持ちやセリフを考えて表現することは、自らに向き合い、自分の気持ちに気づくことにつながっているように私は思う。

もう一つは学校という同じ場を共有し、時間をともにしたかけがえのない仲間をつくることである。七緒や佳奈、里那、美菜江は教育課程も別、教室も里那は保健室の近くの教室だったため他の三人とは別だった。けれども、修学旅行や学園祭、日常生活の中でのかかわりを経て、四人は確かに「仲間」になっていった。卒業を前にした三月上旬、学年の仲間とやりたい活動を七緒たちから募った。ふだんは別の授業を受けることが多い七緒は、「(重度の里那が授業でよくやっていた) スヌーズレンを皆でやりたい」と提案した。暗闇の中で明滅する光と癒やしの音楽に包まれて、四人はただ互いの名前を呼んでは笑い合った。自分のよいところも苦手なことも知ったうえで認め合った仲間がつくれた経験は、たとえ離ればなれになったとしても、それぞれの場所でまた仲間をつくる支えになると思う。

七緒は卒業後、就労移行支援サービスに区分される事業所で働いている。仕事はアイスの棒の仕分けや封筒の糊付け等の軽作業が中心である。人とかかわることが好きな七緒ではあるが、黙々と手を動かす仕事量がしっかりあるのも好きらしく、「あたし、こういうの好きです」と言ってこの事業所を選んだ。卒業して二か月してから訪ねた際には、てきぱきと仕事をこなしていて、声をかけるとうれしそうに受け応えしてくれた。

就労移行支援サービスは生涯で二年間受給でき、一般就労に移行することをめざすサービスである。この期間に一般就労できなかった場合、就労継続B型に区分される事業所で働くことが多い。

七緒は今の時点で一般就労をめざす気持ちはないと話している。「まだ働くってどんなことかよくわからない」と正直な気持ちを職員に話したそうである。このまま行くと、彼女は就労継続B型へ移行していくということだろうか。同じ事業所で行なっている短期入所も月に一度利用して、日程の調整がつけば、佳奈と一緒に利用を申請して、久しぶりのお泊まり会を楽しんでいるようである。

卒業して働き出してすぐに「働くことがわからない」といった七緒の言葉は何を表わしているのだろうか。在学中に現場実習や作業学習、進路学習の中で、「働くこと」を伝えてきたつもりでいた。ただ単にそれらの知識が実感を伴って伝わっていなかったということなのか、あいさつや報告・連絡・相談の仕方などスキルを偏重して扱ってきたからなのか。私自身、働き始めて二〇年近く経つが、「なぜ働くのか？」という問いに明確な答えが出せずにいる。自分が「楽しい」「うれしい」「落ち着く」「好きな」……素敵な人生を歩むために、生きるって何か探しながら歩いている、ような気がする。その程度である。働き出してまもない彼女が「わからなく」ても無理ないのかもしれない。

同じ学年を担当した成実先生が、今は中学部三年生を担任している。中学部で進路学習をするなかで、先日、卒業生の七緒にインタビューした。その中で「後輩に伝えたいことは何ですか？」と問われ、「働き始めると長い休みがとれないので、家族との時間がとりくくなります。学校にいる間に家族との時間をたくさんとってください。あとは何か自分の楽しみを見つけておくといいと思います」と話していた。

順調に働き始めた七緒も、二年後には就労移行支援サービスが終了し、別のサービスへの移行を考えなければならない。環境の変化だけでなく、身体の面での変化や病気など困難にぶち当たることもあるだろう。〝チーム青春の日々〟での集まりも交えながら、これからも細く長くつながって行けたらと思っている。

＊原稿はプライバシー保護の観点から登場する人物は仮名とし、若干の脚色を加えた。

5 病気を抱えて生きる若者を支えるために
――病弱教育ができること

1 病弱教育との出会い

私が病弱教育の現場で出会った高校生の多くは小児がんに罹患していた。

病気と、その病気により生じるさまざまな困難に直面しつつ生きる若者たち。皆さんはどんな姿を想像するだろう。私自身、教員になって二五年目に訪れた病弱教育との出会いがなければ知ることも想像することもできなかった。

実際に子どもたちとかかわる前に一人ひとりの病状等の引き継ぎがあった。「再発もあり両足を切断している」「肺に転移があり予後が厳しい」「顔に大きな腫瘍があり手術を控えている」……厳しい話が続いた。

病弱教育一年目、初めて担任した高校生の慶太君に会ったとき、私の担当教科が数学と聞くと「やったー！」

とガッツポーズと笑顔で迎えてくれた。慶太君は、前の担任の先生のことが大好きで尊敬もしていた。しかし、異動してしまったことの悔しさや悲しみを抑え、新しい担任となった私を気遣い盛り上げてくれているようだった。自分にとってだけではなく、病気と闘う仲間みんなにとって院内学級は笑顔が溢れる楽しい場でなければならないと、慶太君はいつもそう考えている若者だった。

出会って半年が経とうというころ、病状は深刻さを増し、視力を失い始めた。社会見学の日、「行っても見えないから行かなくていいや。残る」という慶太君と二人で教室で過ごしていたとき、「ヒロジ先生！ 俺、昨日で余命一年超えたんだぜ。すごくない!?」

と言われてドキリとした。

私は「そうなんだ〜、すごいなぁ」という言葉しか出なかった。

それから一か月足らずで、慶太君は寝たきりになり、ご家族も病室に寝泊まりして残された時間をともにすごす毎日となった。

そんなとき、授業の合間を縫って病室に行くと、慶太君が寝たままの状態で酸素マスクごしに言葉を発した。くぐもって聞き取りにくかったが、（皆さん、さようなら）、そうはっきり私の頭は認識した。しかし、心が受け止められず「えっ!?」と聞き返してしまった。すると彼はもう一度繰り返した。「何言ってんだよ〜」と私。

その三日後、慶太君は亡くなった。「皆さん、さようなら」……それが最期の言葉になった。

慶太君は、自分の命が燃え尽きるのを覚悟し、私にみんなへのきちんとした別れの挨拶を託したかったのだと思う。なのに、私は受け止められなかった。誤魔化してしまった。なぜ、あのとき、「わかった！ みんなにちゃんとさようならって伝えるよ」って応えられなかったのだろう。いくら悔やんでも、もう二度と取り返しがつかない。

慶太君が亡くなった後、彼の母親からうかがった話がある。

「余命は一年じゃなかったんですよ。一年前に医師から言われたのは『君のこの状態で三か月生きた子はいないよ』ということでした。でも、そのとき慶太は言ったんです。『じゃあ、先生！俺は一年頑張る！だから、俺のデーター全部取ってくれよ。そして、これからの子に役立ててくれよ！』って」

余命一年は、自分で決めた一年だったのだ……。

「こんな思いで生きている子たちの気持ちを受け止めないでどうする！」

慶太君は私に、どんなときにも子どもと向き合う覚悟を与えてくれた。

2　思春期に病気になった若者たちの苦悩

中学一年の翔吾君は、自分の病気が小児がんだとわかったときのことを次のように振り返る。

「地元の病院で検査をした後、医師から『明日、知り合いの医師がいる病院に救急車で行くよ』と言われ転院することになった。転院する際、救急車の担架で仰向けになり、見知らぬ施設の天井しか見えない状態で運ばれたときは本当に不安で仕方なかった。病室のベットでやっとゆっくりできたと思っていたら、次から次へと検査に連れていかれ、最後には今までにない抵抗をして泣きながら断り続けた……どん底だった。

その夜、病名が発覚し、両親から告げられた。今後長い入院になることがわかり、すぐ退院できると思っていただけに強いショックを受けた。この先どうなってしまうのか……まさに一寸先は闇のような状況だった」

中学三年のときに入院してきた美里さんは、ひどく落ち込み、ベッドでふさぎ込んでいることが多かった。ベッドサイドでの雑談には応じてくれるが決して院内学級には来なかった。高校生になったとき、当時の気持ちを話してくれた。

「院内学級って病気の子が行くところでしょ。私、あの頃、自分は病気じゃないって思っていた。だから、院内学級には行かなかったんだ」

入院当初から、足を切断するかどうかの判断を迫られていた彼女。突然降りかかった厳しい現実を前に、病気であること自体を否定することでしか心を保てなかったのかもしれない。

思春期真っただなか、友達と他愛ない話をしたり、部活で汗を流したりするのが楽しくて仕方ない日々のなか、病気に罹ったことで、今まであたりまえだった毎日、ずっと続くと疑いもしなかった毎日が失われる。

「混乱して頭の中が真っ白になった」「絶望とショックで感情を失った」「インターネットで病名を調べ、予後の悪さに『どうせ治らない……』とベッドで泣いていた」

彼らの安心感は奪われ、心は激しく揺さぶられる。そのときの心情は、同じ経験をしていない私には到底想像が及ぶものではない。

3 ほんとうの思いを汲み取りありのまま受け止めたい

こうした彼らとかかわるときに私が意識していたこと。それは、「思惑はもたずありのまま受け止めたい」、そして、「本当の思いを汲み取りたい」ということだった。

「今日から辛い治療が始まる」「明日は手術が控えている」「地元の学校では今日から修学旅行」「朝ごはんが嫌いなものばかり」「先生に嫌なこと言われた」「友達と喧嘩した」「今日は外泊できるはずだったのにダメになった」……病院での生活の一コマ一コマで子どもたちの心とからだは毎日、ジェットコースターのように揺れ動く。だから、子どもとかかわるときはいつも出たとこ勝負である。

「なんとか教室に来させよう」「五分でもいいから授業を受けさせよう」等という一方的な思惑はもたない。それらは、「教室に来ない君はダメ」「授業を受けない君はダメ」というメッセージを内包するからだ。だからといって、「体調悪いから行かない」「じゃ、お休みしていいよ」とすべて受け入れることが子どもの本当の願いに添うとは思わない。授業に行かない自分をけっしてよいと思えていないことも多いのだ。表面的な行動ではなく、本当の思いを汲み取りたい。

「体調が悪くて勉強は無理！」「わかった、じゃあ、トランプはどう?」「無理」「そっかー、ねぇねぇ、そういえば今度、○○のライブあるらしいよ」「そんなのとっくに知ってるよ〜」……もしかしたら、こんな会話がきっかけで話が弾みだし、しだいに笑顔も見られ、無理と言っていたトランプもやってみたり、そこに友達も巻き込んで遊ぶうちに教室に行ってみて……ということもあるかもしれない。そして、一日を終えたとき、何もせずただ天井を見て寝て過ごしたときよりも多少なりとも晴れやかな気分でベッドに入れるかもしれない。

もちろん体調が悪くて何もできない日もある。そんな日は、無理やり連れていかれたら嫌な思いしか残らないだろう。しかし、なんとなく行かないまま一日を終え、虚しい思いだけが残ることもきっとある。ベッドサイドでのかかわりで、この人とならだいじょうぶ、行ってみようかなと気が変わることもある。行ってみて仲間と出会って過ごすうち、いつの間にか気持ちが上向いて、行ってよかったと思えることもある。それは、経験してみなければわからないことだ。だから、そんな経験を広げるチャンスを生み出すことをいつも心がけていたい。

当事者が語るシンポジウムで、「おとなからされてイヤなかかわりは何ですか?」との質問に、「同情されること。同情されると悲しくなる」との答えがあった。そして、望むかかわりは、「病気だからと特別扱いせず、一人の生徒として接してくれること」。

目の前の人間が、自分のことをどう思ってかかわっているか、人に頼らざるを得ない状況にある彼らだからこそ敏感に察知する。

「病院の中の学校なんて行かない!」「先生なんか来るな!」。ときには、怒りや悲しみに包まれた感情の爆発もみられる。しかし、それらを否定したり押さえ込もうとせず、あますところなく受け止めたい。そして、表面上の言動に惑わされず、子どもたちの本当の願いをつかみたい。

「病院の中の学校なんて行かない」というのは、「地元の学校に戻りたい」という願いと「病気になんてなりたくなかった」という悲しみの表われではないのか。

「先生なんか来るな」というのは、「自分のことを本当にわかってくれる人、誰か来て！」という救いを求める心の叫びではないのか。

やるべきことは、そうした思いに寄り添いながら、院内学級を行く価値があると思える場にすることと思っている。

4 不足しているうえに編入するための条件が厳しい高校の院内学級

一口に「病院内にある学校」（以下、「院内学級」と記す）と言っても、病院や学校によって教育条件は大きく異なる。特別支援学校の場合は、病院に教員を派遣する「訪問学級」と教員が常駐できる「分教室」がある。訪問学級では、生徒一人につき週六時間（一回二時間で週三回）程度の授業しかできないが、分教室だと週二五～三〇時間程度の授業が可能になる。ただ、訪問学級や分教室が設置されている病院は限られており、入院した病院によって受けられる教育の質と量には格差があるのが実情だ。

さらに、高校生の受け入れができる院内学級は圧倒的に不足しているという現実がある。義務教育ではないため、高校の院内学級の設置は各地方自治体の判断に委ねられているのだ。高校生は一人ひとり教育課程が違い学力にも幅がある。また、編入学するためには退学しなければならない等の理由から設置されているのは東京や沖縄などわずかな自治体にとどまっている。

たとえ受け入れの場があっても、学籍を移すことが困難になるケースもある。理由としては、高校生が院内学級に編入学するためには高校を一旦退学しなければならないが、治療を終えて退院するとき、再び元の高校に学籍を戻すことができるかどうかということが問題になるからだ。

「一度退学し、再び復学できるかどうか」という判断は、高校ごとに異なる。最初から前向きに考えてくれる場合もあるが、前例がないので即答できないととまどう高校が多い。また、検討することなく、長期入院なら休学か退学しかないと言われたケースもある。

高校側からは、院内学級でどれだけ学習ができるのか、単位履修に足る教育が保障されるのかという疑問や「まずは治療に専念して……」という心配の声もよく耳にする。

そこで、院内学級の意義や中身を伝え、生徒たちにとって必要な場だということを理解してもらうことが院内学級の教員の役割となる。

私が勤務した国立がん研究センター中央病院内にある「いるか分教室」には、国数英理社の五教科の教員が常駐する他、音楽、美術、家庭科等の時間講師もおり高校普通科のほぼすべての科目の履修（週三〇単位）を可能にしていた。生徒一人ひとりに応じた教育課程を組むことができ、教科書も地元の高校のものを使用した。それは、復学したときに困らないためということもあるが、離れていても友達とつながっているという思いを大事にしているためでもある。こうした実態を伝えることで、院内学級を知らなかった高校側の対応が前向きに変わることも多い。

ただ、治療があったり体調が悪かったり、気持ちが落ち込んだりして予定通りに授業が進まないことは往々にしてある。焦りを感じたり、できない自分を責めたり、どうせダメだと投げやりになったりと気持ちが不安定になる生徒もいる。そんなときは「だいじょうぶ」というメッセージを送り続けたい。地元校と同じ学習進度で進めることは安心感や所属感につながるが、それ以前に、例え学習が遅れてもだいじょうぶ、いつからでもやり直せる、人と比べるのではなく自分自身の進み方でだいじょうぶと感じてほしい。不安な気持ちに寄り添いながら、こちらまで不安になっては元も子もない。「何があってもだいじょうぶ」という軸をぶれさせることなく寄り添いたい。

地元校の先生たちには、学習面だけでなく、というより、こちらの方が大事になると思うのだが、院内学級が精神面での支えになることを理解してもらいたい。

「いるかがなかったら、俺たち頭おかしくなってたかもな……このような会話を、入院中に院内学級の友達とよくしていたのを覚えている。もし、ともに過ごす仲間がいなかったら、もし、カーテンを閉め切ったベッドの上でひたすら天井を見つめる入院生活だったら、つらい治療を乗り越える体力も意思も、まったくなくなってしまったのではないか。」

こうした実体験に基づく生徒の言葉から、院内学級は、仲間と出会いつながる大切な場であり、治療に向かうエネルギーをも生み出すことを教えられる。

5　要望にはできるだけ早く応じたい

数学が大好きな美麻さん。予備校のテキストを進めたいが、入院中で通えないし解答もなくて困っていた。私は、その日のうちに単元すべての問題の解答を作り、翌日手渡した。「困ったときはこうして助けてもらえるんだ」と安心感をもってほしかった。「今日できることは今日のうちに」「先延ばしにしない」ということは、いつ何が起こるかわからない病弱教育で強く意識するようになったことだ。

授業を進めたくて仕方がない様子の美麻さんだったが、体調が悪くどうしても起き上がれない日もあった。それでも、美麻さんは授業をしてほしいと望んだ。横になったまま、何も書くこともできない状態なのに。

そこで、私はビデオを使って映像授業を作った。美麻さん専用の美麻さんに呼びかけながら行なう映像授業である。これをベッドサイドで一緒に見てみた。映像の中で私が解説する。その解説に私自身がときおり補足したり、「それ、さっき言っただろ（笑）！」とおどけて突っ込んだり。美麻さんは笑っていたが、見終わると「すばらしい！」と言った。映像なら体調のいいときにいつでも見られる。病弱教育は限られた授業時数だけにこうしたツールを有効に活用したいと思った。美麻さんは退院のとき、「入院中も数学を好きでいられたのは先生のおかげです」とメッセージをくれた。

映像の授業を見るだけならインターネット上に溢れるくらい存在する時代である。だからこそ、その子に合わせた授業を展開することを大事にした。同じ単元でも、生徒が違えば映像の内容も変わる。その子のわかり方に応じた説明の仕方を心がけるからだ。また、その子と共感できる雑談やときにマジックなど、息抜きも交えながら撮影した。

数学は、「わかればおもしろい」のである。知識を教え込むのではなく、なぜそうなるのか、という仕組みを理解してもらいたい。「できる」より「わかる」を大切に。

数学が苦手で嫌いと言っていた友里さんが、夜にベッドサイドで珍しく数学の問題集を広げていたことがあるという。看護師さんに「がんばってるね」と声をかけてもらうと「わかるとおもしろいからやってみようと思って」と答えたそうだ。

6 「笑う」ことが「生きる力」に

高校時代に発病し、打ち込んでいたスポーツができなくなってしまったみおさん。ふさぎ込む毎日から少しずつ前を向き、院内学級にはできる限り出席するようになった。仲間とつながり、放課後には軽音楽の活動に打ち込んだ。治療を終えて復学した高校では、自らの経験をもとにした病弱教育に関するレポートも書き上げた。

みおさんは、退院してからも外来や行事のときにはいつも教室に来て明るい笑顔を見せてくれ、新たに入院してきた子がいればすぐにさりげなく声をかけた。そんな彼女だから、院内学級で過ごした時期が異なる子たちともたくさんのつながりが生まれた。

人にはとことん優しい一方で、自分には徹底して厳しかった。勉強も軽音部の活動も一切妥協せず頑張り抜いた。再発のために治療が続いたが、大学生の時には入院中でも夜遅くまでレポート作成に取り組んだ。

そんな彼女も、「全部嫌になった」と人目をはばからず号泣したことがある。病院行事で仲間と一緒に軽音楽の発表をすることになっていたが、間近になっても体調が悪く自分だけ練習ができなかったときのこと。今まで幾度となく病気のために阻まれてきた願いや夢。そのたびに落ち込み、でも立ち上がることを繰り返してきたが、この瞬間、堤防が決壊したかのように泣いた。そのとき、救いになったのは院内学級時代に一番信頼を寄せていた先生だった。すでに他の学校に異動していたが、その夜すぐに駆けつけてくれ話を聞き不安を取り除き、そして、彼女に笑顔を取り戻させてくれた。

辛いときには泣いていい。泣いた方がいい。安心して泣けるためには、寄り添ってほしいと思える人の存在が必要だろう。そして、泣けるからまた笑えるときがくる。

みおさんが二二歳のとき、いま闘病中の人たちへ送るメッセージとして挙げたのが「幸せだから笑うのではなく、笑うから幸せ」という言葉だった。

「がん患者は自分は不幸だと思うかもしれないけど、だからこそ泣くのではなく、がん患者でも笑ってたら幸せだよっていうことが大事だと思っている。笑顔を忘れずにいること。幸せだから笑うってなれば、どうしても今は幸せじゃないから笑えないってなってしまう。でも、それは違うと思う。確かに辛いこと涙することはいっぱいあると思うけど、それと同じくらい笑うこともいっぱいあると思う。もちろん、辛いときはいっぱい泣いていい。だけど、笑顔を忘れなければがん患者でも幸せなんだよっていうことを皆さんに伝えたい。」

彼女はそう語った。そして、その言葉通りに生きた。

たとえ苛酷な状況にあっても、「笑うことができる」というのは、「生きる力」を生み出すことになる。冒頭に紹介した慶太君は、自分の携帯電話にさまざまな想いをメモ書きとして遺していた。その中に次の文があった。

「目の前で泣いている人がいたらなんとかして笑わせたい。そのためなら寿命が縮んでもいい。」

7　当事者どうしだから支え合える

入院した子どもたちにとって、同じ経験をもつ仲間の存在はとても大きい。同じ病気になった人にしかわからない悩みや思いがあるからだろう。それを話し合えることが「自分だけじゃない」という思いにつながり支えとなる。

ある子は、院内学級はがんになって不安定になった自分の心を回復する以上に成長させてくれる場所であったといい、また、ある子は院内学級があったことを人生最大の幸運であったという。

抗うことのできない病気との闘いを強いられている彼らにとって、自分の思いを遠慮なく吐き出せあえる仲間の存在は、何にも代え難い大切なものなのだ。

だからこそ教員は、院内学級を「出会いの場」とし、生徒同士をつなぐ意識を忘れてはならない。

生徒どうしをつなぐ活動のひとつに「放課後活動」があった。小児病棟内に教室があるという環境や病棟スタッフの理解と協力があって初めて成り立つことであるが、放課後にも教室を開放し生徒たちとともに過ごすことができたのだ。授業中や休み時間ではなかなかできない話や学年を超えた交流などができる貴重な時間だった。さまざまなカードゲームやバランスゲーム、パズルやオセロ、トランプでは本格的なポーカーを教えるとみんなハマってよくやった。先日、治療を終え大学生になったメンバーと当時のことを話したが、「誰も勝とうなんて思ってなかった。ただ楽しくしようって思っていた」と言っていた。

入院当初、院内学級には行きたくないと言っていた子がしだいに仲間とつながり放課後にも来るようになった。病棟の面会時間は午後七時で終了するため、父親は仕事が終わると急いで面会に来ていたのだが、あるときを境に「放課後も院内学級に行くから帰ってくれ」と言われ驚いたそうだ。

これほどに仲間の存在は大きなものなのだ。

8 受け継がれる「支え合いのバトン」

放課後に、生徒の希望による部活動も実施した。美術部、卓球部、ビリヤード部、マジック・ジャグリング部等、その時期に入院していた生徒の希望に応じて活動したが、なかでも一番長く継続しているのは軽音楽部である。

軽音楽部では、定期的に発表会も行なっていた。あるとき、病棟スタッフに連れてきてもらっていた幼い子は、体調が優れないにもかかわらず、車いすで前のめりになって中高生の発表を見ていたそうだ。発表を終えた高校生の寛ちゃんにその様子を伝えると、次のような言葉が返ってきた。

「俺、一生懸命見てくれてたの、ちゃんと気づいてたよ。あんなに一生懸命見てくれててうれしかった。俺もちっちゃい頃、高校生の発表見て感動して今に至るからね。いつか今日見てた子たちもやってくれるとうれしいな」

小学生の頃から闘病生活を続けている寛ちゃんは、自分たちの演奏のことだけでなく、見ている子たちのことまで考えていた。院内学級で出会ったギターが生きがいになったという寛ちゃんは、ギターを通してまわりの子たちにチカラを与えてくれていたのだ。

寛ちゃんは、同年代だけでなく小学生たちからも大人気だった。あるとき、次のような光景を目にした。その日は、体調が悪いと言っていた寛ちゃん。しかし、夕方、病棟を回っていると、プレイルームにあるマットでゴロンと横になっていた。なんでベッドで休んでないんだろう？　小さな子が呼びかける。「ねぇ、ゲームしよ！」。即座に笑顔で「いいよ」と体を起こす寛ちゃん。そうか、ここで小さな子の遊び相手をしてるんだ。小さな時から入院生活をしている寛ちゃんは、子どもにとって遊び相手がいないこと、ヒマなことがどれほど辛いことかを身をもって知っていたのだろう。

辛い思いを知っていればこそ、手を差し伸べる。救われたからこそ今度は支えたい。そうした子どもたち同士の「支え合いのバトン」が受け継がれていく。

総合的な学習の時間に「先輩さん、いらっしゃい！」と題した授業を実施した。高校生のときに入院していた二人の青年が、入院治療中の子どもたちに、自分の経験を語ってくれた。病気がわかったときのこと、治療中のこと、そして、退院後の生活についてその時々の気持ちを話してくれた。どれも経験した者にしかわからない話である。

治療の先輩として、または、年上の者がどうリーダーシップを発揮して入院してきた子を仲間に巻き込んでいくか、それが、入院したばかりの不安に満ちた子達にとってどれだけ救いとなるかというピアサポートについても多くが語られた。実体験に基づく先輩たちの話にみんな真剣な眼差しで耳を傾け、あっという間に二時間が経っていた。

参加した中高生からは次のような感想が寄せられた。

「不安だった気持ちとか、高校に戻ってから大変だったこととかを話してくれたので安心することができました。副作用の吐き気のことも、誰かにわかって欲しかったから、二人にわかってもらえてすごく良かったです。」


「ここは勉強するだけの場所ではなく他の入院患者の人とコミュニケーションをとる大切な場所なんだと感じました。病室で寝ているだけでは絶対にできない『友達を作ること』や『友達と遊ぶ』ということをできるようにしてくれる場所なんだと強く感じました」

こう書いた高校生のニッシーは、この翌日から毎日のように放課後も教室に来てみんなと一緒に遊ぶようになった。入院当初は、院内学級に行くのが嫌で教員がベッドサイドに近づいてくるのを察すると布団をかぶって寝たふりをしていたこともある。それが、一時退院の許可が出たにも関わらず「友達がいるから退院したくない」とまで言うようになった。

この授業の一か月後、授業が終わり病室へ戻る際に、誰も何も訊いてないのにニッシーの方からこう言ってきたことがある。


「ヒロジ先生、俺、もうここの大切さ……わかってますから」

したり顔でそれだけ言うと病室へ戻っていった。「えっ！突然何？」と一瞬思ったがすぐに、彼のその姿がなんとも頼もしく、このうえなくうれしかったことを忘れられない。

9　退院後の生活へつなぐ

退院後に地元校に学籍を戻す際、復学支援会議を実施する。本人、保護者、医療スタッフ、地元校の管理職、担任、養護教諭等を交え、医療的な配慮、病気に関する友達への伝え方、本人の不安や願いなどについて話し合う。

しかし、念願が叶い、待ちに待った復学であるはずなのに、「退院後の方が辛いことが多かった」という生徒たちの声を耳にすることも多い。

高校時代、膝に人工関節を入れることになり激しい運動ができなくなってしまった匠太郎君は、復学してからの思いを次のように語った。

「障がい者になって初めてわかったのは、あたりまえにできるということがどれほど難しいかということです。高校生といえば、最も運動することに力を入れる年齢です。しかし、私にはできない。皆と同じように遊ぶことができない、体育をすることができない。前はできたことなのに、今はもうできない。このやりきれない気持ちを何処にやればいいのか。このように、実は退院してからの方が辛い思いをすることが多いのです」

友達関係の辛さに直面した生徒もいる。

「以前から仲が良かった子と、仲良くなりかけていた子たちがいたのですが、私が入院している間にみんながとても親密になっていて、私だけ友達との距離感が違い、居ずらさや疎外感を感じることが多い日々になってしまいました。別の親しい友達に泣きながら相談をしたこともありました。復学後の一番の悩みはこのことでした」

また、復学後に、教師との関係で心を傷つけられた生徒の声も聞く。

「ある先生が執拗に病気のことを尋ねてきたことが嫌だった」

「体育の授業の時に、ウィッグを被っているので髪を結べないことを先生に事前に伝えていたのに、髪を結べと怒り気味に言われ、嫌な思いをしたことがあった」

「復学して一年以上経っても、復学のときの注意事項が一人歩きして、もうだいじょうぶなのに腫れ物扱いされたのが嫌だった」

「足を骨折していて一階の教室を使わせてもらったが、一人ぼっちで先生が来てくれるかどうかもわからなかった。また、先生が来ても授業が終わるとさっさと出て行ってしまい、質問したくても追いかけることもできなかった」

復学支援会議を実施してもこのようなことは起きる。

翔吾君は病気の影響で視覚障がいになった。ぼんやりとは見えるようだが、通常の教科書は読むことができず、拡大読書器が必要なほどだった。院内学級では個別学習が多いので手元で大きな文字で示すことができるが、地元の中学校の教室に戻ったら黒板の文字は読むことはできない。医療スタッフからは、退院後は盲学校へ転校した方がよいと言われていた。しかし、翔吾君は、自分を視覚障がいだとは認めず地元校に戻れることだけを願った。私は彼の自己選択・自己決定を尊重しようと心に決めた。

そこで私は、翔吾君に「盲学校での体験授業を受けてみないか」と提案した。盲学校に行かせるためではない。盲学校を知ったうえで本人が自分の道を決めるためにだ。彼は体験後、「やっぱり地元校に戻りたい。でも週一回は盲学校に通級する」道を選んだ。のちに聞いたところ、体験したときは「絶対に盲学校には行かない。今日一日我慢すれば終わる」と思っていたという。この頃の翔吾君は、「盲学校」や「点字」という言葉を耳にするのさえ嫌だったそうだ。

念願が叶って戻った地元校。しかし、そこには思いもしなかった試練が待っていた。「みんなと何かが違う」。そう感じる毎日。同じ時を経たはずなのに同級生がおとなに見える。そして、自分はサポートを必要とする弱い人間。手伝ってくれる友人には感謝の気持ちが大きいが、そこにも薄い壁を感じてしまう。夢見た復学後の生活は非常に辛かったという。

また、授業について視覚障がいへの配慮を求めてもまったく耳を貸さない教員がいて涙が出るほど悔しい思いも経験したそうだ。

翔吾君は、高校は考え抜いて盲学校を選択した。一年後の自分の姿を思い描けたのは普通校よりも盲学校だったのだ。そこで、隔たりのない仲間同士の関係を味わいながら、部活に生徒会に寄宿舎での生活にと活動の幅を大きく広げていった。

大学ではモノづくりに携わりたかったが、視覚障がいのために希望する学部への進学は叶わなかった。辛い思いもしたが、自分の経験を活かしユニバーサルデザインの研究でモノづくりの力を発揮しようと気持ちを切り替えた。

大学で福祉を学ぶことで、翔吾君はこれまでの自分を改めて振り返り客観視できたという。そして、身近な人から障がい者理解を広げたいと強く願うようになった。病気になったときは、どん底だったという翔吾君が、院内学級のこと、私と一緒に楽しんだマジックや落語、盲学校や寄宿舎での生活、福祉分野との出会い等、そのすべてを「病気になったことによって出会えた宝物」と今は言えるようになった。翔吾君は言う。

「出会えたものはすべて今につながっている。だから、モノやつながりに出会える機会を生み出すことが大切だと思う」

病気を経験したことにより本人の心もからだも変わっている。だから、復学した学校は同じ場であっても本人にとっては入院前と違う場になっている。私は、復学はあくまで選択肢のひとつであり、病気を経験した本人の「今」をみつめ、本当の願いに添うよう退院後の生活につなげたいと思う。

もちろん、ほとんどの場合、退院したら復学を希望する。しかし、自分で選び自分で決めた復学でも、思いがけず辛い状況になることもある。ときには新たな自己選択が生じるだろう。自己選択・自己決定は何回やり直してもよい。安心してそう思えるよう支えるのが周囲のおとなの役割だと思う。

退院後に辛い思いをすることが多いと書いたが、決してマイナスのことばかりではない。むしろ、病気の経験は精神的な成長につながり、生きていくうえでの価値観さえ変えることもある。子どもたちの「声」がそう教えてくれる。

10　病弱教育が果たすべき役割とは

「院内学級はただ単に勉強するだけではなく、生きる活力を与えてくれる場である」

こうした当事者の言葉にあるように、院内学級は、単に入院中の学習空白を埋めるためだけのものであってはいけない。仲間とのつながりや教員との信頼関係をしっかりと築き、そのうえで、やりがいや生きがいを味わえる豊かな生活の中身をつくりだしていきたい。

院内学級は、誰一人望んでくる子はいない場である。だからこそ、病気によって失われた生活を補うという発想ではなく、病気によって始まった新しい生活をできるだけ輝かせることに力を注ぎたい。その一つひとつを大事に積み上げていくことが、闘病生活を「消してしまいたい日々」ではなく、自分の人生の一部として「大切に思える日々」に変えていくのだと思う。そして、入院中の生活の輝きやそこで生まれた仲間たちとのつながりが、退院後に訪れるいくつもの試練を乗り越えていく原動力にもなるのではないか。

＊本稿の登場人物はすべて仮名であることをお断りしておく。

おわりに

　本書において、私たちは、障がいや病気とともに生きている若者たちの高校段階やその後の生涯学習の実践について検討してきた。対象にしたのは、定時制総合学科や特別支援学校専門学科（職業教育課程）、同高等部での肢体不自由教育・病弱教育・寄宿舎の実践、学校教育後の社会教育や「福祉型専攻科」、障がい者福祉事業所等で試みられる自発的な実践である。いわば後期中等教育から社会へと連なる時期を生きる若者たちが、障がいや病気と向き合いながら生存・発達し学習する現実をさまざまな現場においてすくい取り、当事者にとっての特別支援の実践の意味とあり方を探った。

　このような課題に迫るためには、まずは高校・高等部教育、そして移行期の就労支援や自立生活支援等というような時系列的で空間的に区分された制度的背景をふまえた、多様な実践事例の比較検討が必要であろう。しかし同時に、青年期にある若者たちが困難をかかえつつ生きる現実を見つめながら、それらの実践を総合的・相互連関的に捉えていく視点も重要だと思う。ここでは前者を意識しつつも、シリーズの主題である「子ども理解と特別支援教育」という問題意識から、若者の「声」にもとづき社会で生きる当事者の現実を直視することを基本に据えて（第1章）、それを支える生涯学習の種々の試み（第2章）、およびそれに連なるような学校での諸実践に遡る（第3章）という方略で考えてみた。収められた各実践は、それぞれの現場の特徴や現状をふまえた個別的な実践記録として書かれたものであるが、同時に、本書全体を通して、若者たちが現実を生きるなかから発する「声」に応答する実践のあり方を探究するという意図が浮かび上がるように編集した。ここでのその意図について主題的に取りあげて論じることはできないが、本書を編集しての私の感想を記しその一端を述べてみたい。

第一章では、養護学校や特別支援学校の高等部を経験し、それぞれに社会と関わりながら生きる三人の若者の「声」を聴くこと—その方法は三者三様だが—を通して、障がいや病いとともに生きる若者の現実を探った。現在どのような想いやねがいをもっているのかが、それぞれの過去をふり返りながら率直に語られている。運転免許を取得し、〈自分の意志で行動する自由〉を得たことが生活のあり方や意識を大きく変えたようにみえる知的障がいのある遠藤さん。就労はしていないが児童文学作家という〈自分の仕事〉を見つけ、それを目ざして努力する発達障がいと性同一性障がいとを重ねもつれんさん。がんの再発に苦しみながらも、〈病いとともにある新しい人生〉に踏み出していた小島さん。当事者にしか理解できないような様々な困難を経験しながら、障がいや病気と向き合い、自分なりに考え意味づけることによって、いまの生き方に手応えを感じていた。これからも不安や心のゆらぎ等の感情にとらわれることはあろうが、彼らの語りは、学ぶことの意義や学校教育の核心について省察するときの大切な問題提起になっているのではないだろうか。

また、困難に直面してゆれた過去の経験の「語り」に耳を傾け、一緒に悩み考えてくれた大人の存在が、三人の語りに共通する前提になっていたように思う。家族の理解と支えはもちろん重要だが、高等部卒業後も折に触れて相談にのり援助してきた元担任教師、発達障がいや性的マイノリティの理解があり、ケアしつつ活動を援助してくれる方々、病いにまつわる苦悩に共感し、語る機会をつくってきた院内学級の教師たちなどである。聴きとられる大人との関係のなかで､彼らは語りながら経験を現在の糧にしてきたのだと思う。

このこととも関わると思うが、第二章の実践では、当事者の内面の思いや気持ちを表現する活動が印象的であった。「障害」に起因する困難にもよるが、描画による内的な意味世界のその人なりの表現、若者らしいおしゃれ感覚を発動し、肢体不自由のための受身的な生活感覚や姿勢を揺さぶるヘアメイクの試み、学習会の内容に触発され、仲間と交流したり想像力を働かせて思いを言語化する「歌づくり」などである。また、青年期の性への関心を生命や他者(パートナー)との関係性、社会に参加し生きることの意味などと結びつけて学習を創りだす活動も特徴的であった。高等部卒業後にこれらの試みが生涯学習の一環として自主的・創造的に実践されていることにあらためて注目したい。それぞれの実践は多くの課題を内に含みつつも、学校教育後の、しかし学校教育においても注目する必要のある、当事者の〈生きること〉と結びついた学習のあり方を深める手がかりになると思う。

他方、社会的自立のために「職業教育の充実」が課題化されている高等部教育では、職業教育の内実をどう創るのか、また高校段階の学校教育のあり方をどう考えるのかという問題に関わり大切な視点が出された。第三章の学校教育として展開された実践である。「職業教育」と言っても就労につながるスキルを追い求めるだけでは、入学生の生育史や諸困難の重畳するような生活現実にかみ合う高等部教育にはなり得ない。実習を軸に据えた職業準備のあり方自体を工夫すると同時に、一人ひとりの「生きること」の土台を耕すような裾野の広い実践、「教科」の学習とも連動した実践の構想を探る必要があるという指摘は示唆的である。翻って、軽度の知的障がいを併せもつ肢体不自由教育では、卒業と同時に就労するというような直線的な指導ではなく、当事者の思いを確かめながら時間をかけて、多様な経験を蓄積できる実践が試みられていた。また院内学級の実践では、前籍校での学習状況に個別的に配慮した指導を大切にする一方、「病気によって始まった新しい生活をできるだけ輝かせる」ために、病いと向き合い、自ら進路を考え選択することを重視していた。病気とともに生きる新しい人生へのスタートになるような高等部教育を探っているのである。これらの実践は、障がいや病気を抱える若者の「生きること」の土台を考え、耕す実践を志向しているように思う。

〝教育〟といういとなみの意味の深化や視野の拡充につながるような「特別支援の息づく実践」（本シリーズ4を参照）は、青年期においても、また学校や学校後の学習においても、当事者の生存と結びつけて探求する必要があると思う。本書のまとめを兼ねて私の感想を述べたが、読者諸氏にはそれぞれの関心と交錯させながら、青年期を生きる若者たちの生存・発達と学習を援助する実践のあり方について考え、語り合い、その深化・発展につなげていただければ幸いである。

なお、編集にあたっては、編集担当者会議をもちながら5人全員で内容や原稿の検討を行ってきたが、役割分担として第一章は日暮、第二章は土岐、第三章は佐藤が中心になってすすめ、原と森が全体の調整にあたった。

＊

〈本シリーズのあとがきにかえて〉

本書をもってこのシリーズ「子ども理解と特別支援教育」は一応の区切りとなります。三年ほど前に群青社の中間重嘉さんから、「教師たちが障害児教育実践について自主的に考えたり、話題にできるような季刊雑誌が出せないか」という提案があり始まった企画でした。芦澤清音・山下洋児・桜井桂子・原まゆみ・土岐邦彦の各氏らと共に検討を始め、シリーズ本ならということでスタートしたのが二〇一七年度の末頃でした。それぞれの巻の編集担当者を決め、学習会なども行いながら本格的な本づくりの作業を経て、一昨年八月から刊行開始、ようやく予定した5冊を上梓することができました。内容については読者諸氏の評価を待つほかありませんが、ひとまず肩の荷を下ろせた感じです。ここに全員のお名前を挙げることはできませんが、企画趣旨に賛同し協力していただいた方々に、あらためて感謝の気持ちをお伝えします。また、編集過程では執筆者と直接相談させていただいただくこともあり、私たち編集担当にとっては、子どもや学校の現実、実践の課題などについていろいろと考える貴重な機会でもありました。編集体制が手薄でご無理やご迷惑をおかけしたところもありましたが、快く協力し執筆していただいたことにあらためてお礼を申し上げます。

特別支援教育の展開のなかで、指導マニュアルに関するネット情報や子どもに働きかけるための技法を伝える出版物は増えていますが、教師の自主的・主体的な実践の記録は見つけにくくなっています。一人ひとりの教師が現場で子どもと関わり、うまくいかなくなったり悩み工夫する、その行きつ戻りつの実践の内から立ち現れる問題意識に基づき自らの実践を言語化し考えるという、「私の実践記録」に出会うことが難しくなっているような気がします。学校の意志決定の仕組みや「スタンダード」にしばられ実務化される教師の仕事、仕事量の増大化などさまざまな要因が考えられますが、根底には、教師が自らの実践を対象化して考え、語り合い、学びあいながら、学校生活と学習の主体である子どもと一緒に創っていくという基本的な関心がもちにくくなっているという状況があるのではないでしょうか。このシリーズが、特別支援という視角からですが、教育現場のあり方に幾ばくかの問題を提出できればとねがっています。

シリーズ執筆者には、実践記録を公刊するのははじめてという方も少なくありません。実践記録として不十分さをかかえた部分もあるでしょうが、それは編集担当者の力不足によるところでもあります。小さなことでもよいので何か刺激を得て、教師たちの実践の振り返りの手がかりになれればと祈念しています。

末筆ですが、本シリーズの出版を支え、刊行までの煩雑な作業を担ってくださった群青社の中間重嘉さんに、心より感謝の意を表します。

二〇二〇年一月　森　博俊

［第５巻編集者］ ＊◎編集責任者

◎原まゆみ（都留文科大学特任教授）
　土岐邦彦（岐阜大学名誉教授）
　日暮かをる（“人間と性”教育研究協議会障害児・者サークル世話人）
　佐藤比呂二（特別支援学校教員）
　森　博俊（障害者教育研究者）

［分担執筆者一覧］

序章　障がいのある若者の生存・発達の現実とその理解（土岐邦彦）

第１章　困難を抱える若者の姿――生存と発達への要求を聴き取る
　１　遠藤くんのしあわせ（遠藤啓典＋原まゆみ）
　２　僕のはなし（高橋れん）
　３　病いとともに生き抜いた若者の「語り」から学ぶ（小島匠太郎＋佐藤比呂二）
　４　青年当事者から学ぶ（日暮かをる）

第２章
　１　障がい者アートからの贈り物（北村雅子／障がい者アート支援）
　２　心揺れるヘアメイク教室（河村あゆみ／美容師）
　３　青年期に生きる幹を太らせる（栗林満／「MoreTime ねりま」支援員）
　４　自分らしく生きることを励ます「性と生」の学び（任海園子／“人間と性”教育研究協議会障害児・者サークル世話人）
　５　青年の思いと願いをよりあわせて（町田泰幸／とびたつ会支援者）

第３者　青年期の学校教育を問う
　１　高校における「発達障がい」の青年たちへの指導（高木伸子／立正大学障害学生支援室コーディネーター）
　２　「生きること」の土台づくりと高等部教育（内川大輔／特別支援学校教員）
　３　寄宿舎でともに生活して育ち合う（熊谷幸喜／寄宿舎指導員）
　４　「チーム青春の日々」（野原和也／特別支援学校教員）
　５　病気を抱えて生きる若者を支えるために（佐藤比呂二）

編者略歴

原　まゆみ（はら　まゆみ）

1952年生まれ。一般企業、幼稚園教諭を経て養護学校教諭、特別支援学校校長を定年退職。都留文科大学特任教授 特別支援学校教職課程室担当。主な著書に『マサの卒業と高等部教育』（群青社）、「社会参加に躓く若者の恢復と学びの場の創造――制度の狭間を支えるかけはし学校の試み」（『臨床教育学研究』5巻所収）などがある。

土岐邦彦（とき　くにひこ）

1953年生まれ。岐阜大学名誉教授。主な著書に『障害児の発達とコミュニケーション』（全障研出版部）、『いま、ひとりになる。―小説「バッテリー」に学ぶ子ども・若者の発達と自立』（群青社）、『劇団ドキドキわくわく―障害のある若者たちの発達と演劇活動』（編著、群青社）などがある。

佐藤比呂二（さとう　ひろじ）

1961年生まれ。1986年より都立養護学校・特別支援学校に勤務。主な著作に『自閉症児が変わるとき』（群青社）、『ホントのねがいをつかむ―自閉症児を育む教育実践』（共著、全障研出版部）などがある。

日暮かをる（ひぐらし　かをる）

1948年生まれ。都立障害児学校（知的障害児学校２校、肢体不自由児学校２校）元教員、ほとんど高等部を担当。2003年、都立七生養護学校の性教育に対する一部都議・都教委の不当介入に対し、保護者・教員たちが訴えを起こした「七生養護こころとからだの学習裁判」（通称「ここから裁判」）の原告団長を務めた。現在は〝人間と性〟教育研究協議会障害児・者サークル世話人として学び続けながら、講演や相談活動、高等部卒業後の青年たちへの性教育などに取り組む。

森　博俊（もり　ひろとし）

1948年生まれ。知的障碍教育論・臨床教育学研究者。主な著作に『知的障碍教育論序説』（群青社）、『こころをみつめて――知的障碍学級から特別支援教育の質を問う』（共著、群青社）、「当事者の『障碍と生』の経験と子ども理解――『養護学校』卒業生の聴きとり調査を通して」（『臨床教育学研究』５巻所収）などがある。

シリーズ　子ども理解と特別支援教育⑤

生き方にゆれる若者たち

障がいや病いを抱える当事者の自己の育ち

2020年 2 月20日　初版発行

［編者］原まゆみ・土岐邦彦・佐藤比呂二・日暮かをる・森　博俊

［発行人］中間重嘉

［発行所］群青社
〒151-0061 東京都渋谷区初台2-11-11
電話03-6383-4005 FAX03-6383-4627

［発売］星雲社
〒112-0005 東京都文京区水道1-3-30
電話03-3868-3270 FAX03-3868-6588

［印刷所］モリモト印刷株式会社
〒162-0813 東京都新宿区東五軒町3-19
電話03-3268-6301 FAX03-3268-6306

© M.Hara, K.Toki, H. Sato, K.Higurashi, H.Mori 2020 Printed in Japan

ISBN978-4-434-27271-4 C0037
＊定価は表紙裏に表示してあります。

シリーズ　子ども理解と特別支援教育　全５巻

シリーズ１
障がいをもつ子どもを理解することから
森博俊・大高一夫・横尾澄子・天沼陽子　編著
定価（本体2400円＋税）280頁

シリーズ２
子ども理解で保育が変わる
芦澤清音・浜谷直人・野本千明　編著
定価（本体2000円＋税）235頁

シリーズ３
子どもが育つ特別支援学級・通級の授業づくり
子どもの思いと教師の願いを紡いで
山下洋児・杉山敏夫・桜井佳子　編著
定価（本体2400円＋税）280頁

シリーズ４
「特別支援」という実践をとらえ直す
森博俊・原まゆみ・今賀真美・芹野ゆな　編著
定価（本体2400円＋税）284頁